1

Reading Comprehension

A

1 (i) Match the following sets of signs and pictures. Indicate your answer in all cases by inserting the letters which correspond to the numbers in the boxes below.

No.	Letter
1	
2	
3	
4	
5	
6	
7	
8	
9	
10	

(ii) These signs may be seen in a French railway station.

Which one is of special interest to passengers?
Write (a), (b), (c) or (d) in the box provided.

(a)   Soldes

(b)   Guichet

(c)   Boulangerie

(d)   Demi-pension

2   The following small advertisements were taken from a French newspaper.
Look at them and answer the questions which follow.

A. V. S. ETS BEAUREPAIRE
Téléviseur 36 cm PHILIPS
Réf. 14 AA 3327   Télé-commande   **1.490F**

Sèche-linge WHIRLPOOL   **1.490F**   PHILIPS
AW 6272
28, rue de Paris

LA CENTRALE DES SPORTS ET LOISIRS
Chaussures le Coq Sportif   : 320F   **220F**
Survêtement "Triumph"   : 600F   **420F**
4, place Pasteur

BIJOUTERIE J.-L. DRAILLARD
PROMOTIONS D'ÉTÉ
Montres - Bijoux
32, rue de Paris

REMISE **15%**
sur
LINOS et MOQUETTES
en stock - Signalés
- 10%
sur TAPIS LAINE
SUPER DÉCOR
2, rue de l'Alma

VOGUE
CHAPELLERIE
MAROQUINERIE
CASQUETTES
EN TOUT GENRE
ÉTÉ à partir de **29 F**
SACS DE DAME
jusqu'à - **20%**
6, rue de Verdun

- 20%   sur les jupes
Brigitte
boutique
LE PRÊT-A-PORTER
AU FÉMININ
Lingerie PLAYTEX
tabliers, blouses, etc.
15, rue de Paris

"CARINE"
- 25% sur
fleurs tergal
et séchées
rue Victor-Plessier

Which of the businesses would you contact if you wanted to buy

(a)   a watch?   _____

(b)   a tracksuit?   _____

(c)   a carpet?   _____

(d)   a skirt?   _____

3   Read the following advertisement for Club Med and answer the questions which follow.

CLUB MED
WATERVILLE

Irlande

Un village pas comme les autres! Très axé sur le golf,
la pêche, les balades à vélo, les circuits, les excursions.
Et surtout ouvert aux Irlandais si chaleureux!

DECOUVERTE CLUB MED

Trois circuits pour apprécier de fabuleux parcours de golf et les merveilleux paysages de l'anneau magique du Kerry: «Lumières d'Irlande», «Patchwork irlandais», «Golf dream». Voir page 194.

HOTEL

Boutique. Deux salles de conférences dont une salle de jeux. Location de voitures. Bridge. 3 courts de tennis. Piscine intérieure chauffée. Sauna. Centre de fitness. Tir à l'arc. Un restaurant panoramique et deux bars dont un pub ouvert aux Irlandais.

SITE

Dans le comté du Kerry, à 1 heure de route de Killarney. L'hôtel, très confortable, donne à la fois sur le Lough Currane et sur l'Atlantique. Superficie: 6 ha. 80 chambres à 2 lits et quelques suites avec salle de bains, télévision par satellite et téléphone.

LE PARADIS DES GOLFEURS

Plusieurs parcours très côtés dans la région, dont le «Waterville Golf Links», un 18 trous parmi les plus réputés au monde, pour les bons joueurs (handicap exigé). A l'hôtel, putting green 9 trous et practice avec filet, leçons d'initiation.

PECHE

De passionnantes parties de pêche à la truite et au saumon dans le lac Currane, avec ou sans «gillie» (guide local). Avec participation aux frais. Organisation hors Club.

EXCURSIONS

En 1/2 journée: Valencia Island – Derrynane – Skelligs Rocks. En 1 journée: Bantry (minimum: 6 personnes) – L'anneau de Kerry. D'autres excursions pourront vous être proposées sur place. Vous pourrez également faire des promenades à pied et à bicyclette.

(i) How is the holiday village described in the introduction?

_____

_____

(ii) Which one of the following hotel facilities is not listed in the advertisement?

    (a)   Heated swimming pool.

    (b)   Table tennis.

    (c)   Archery.

    (d)   Car hire.

(iii) Which type of fishing is advertised?

_____

_____

(iv) Which one of the following is listed in the excursions section?

    (a)   Boat trips.

    (b)   Horse riding.

    (c)   Camping.

    (d)   Walking trips.

B

Read the following extracts and answer the questions on each one in English.

1

« Jurassic Park »
fait recette en Grande-Bretagne

« JURASSIC PARK, le dernier film de Steven Spielberg, a pulvérisé tous les records d'audience en Grande-Bretagne, avec une recette atteignant les 40 millions de francs en l'espace d'un week-end de la sortie du film! Un porte-parole de la campagnie distributrice du film, Universal, a qualifié d'«époustouflant» le succès de « Jurassic Park », sorti vendredi dernier en Grande-Bretagne après avoir déjà obtenu une audience record aux Etats-Unis. Le film sortira en France le 20 octobre.

According to the this article the film 'Jurassic Park' ...

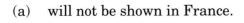

- (a) will not be shown in France.

- (b) was made in Great Britain.

- (c) has broken box office records.

- (d) has been seen by forty million people.

2 Explain what happened to the woodcutter.

_____

_____

_____

_____

Amoureux éconduit

Beauvais. — Un bûcheron de 30 ans s'est cassé les deux talons en sautant par la fenêtre de la chambre d'une jeune fille, qu'il avait tenté de rejoindre, dans la nuit de dimanche à lundi, vers 2 h 30 du matin à Bresles (Oise).

3

Intervention du P.G.H.M.

Hier les secouristes du P.G.H.M de Briançon ont évacué à bord de l'hélicoptère de la gendarmerie sur l'hôpital une randonneuse qui s'était fracturé la cheville.

Mme Capiaux Madeleine, 40 ans, originaire de la région parisienne en vacances dans le Briançonnais, effectuait une promenade à proximité du lac Soulier dans le Queyras.

What happened to the hiker?

_____

_____

_____

_____

4

Drogue : un fournisseur arrêté

Marseille. — Deux individus ont été interpellés lundi, par la police marseillaise, dans une affaire de drogue qui a causé, la semaine dernière, la mort de Patricia, une jeune fille de 19 ans.

Hakim Benfaïd, 23 ans, a reconnu avoir vendu de l'héroïne à Robert Gangemi, 28 ans, un ami de la victime. Ce dernier avait administré à la jeune fille une dose de mauvaise qualité qui a entraîné sa mort. Présenté au juge d'instruction, Robert Gangemi a été inculpé d'usage de stupéfiants, ayant entraîné la mort sans l'intention de la donner. Hakim Benfaïd a été, lui, inculpé de revente de stupéfiants.

(i)   Why was Hakim Benfaid arrested?

_____

_____

(ii)   Why did the young drug addict die?

_____

_____

C

Read the following and answer the questions in English.

Correspondants : vous avez des amis dans le monde entier !

RSVP

Pour passer votre annonce, envoyez votre message sur carte postale à Salut !, "Correspondants", 13, rue de la Cerisaie, 75004 Paris. (Ecrivez lisiblement)

● Salut! Je m'appelle Lina et je vais avoir bientôt 16 ans et j'aimerais correspondre avec des filles et des garçons de 15 à 18 ans. J'adore Michael Jackson, Queen, Guns n' Roses. Alors écrivez-moi vite en français ou portugais. Photo SVP. Lina Ferreira, 8, rue Octave Feuillet, 75016 Paris, France.

● Salut! Je m'appelle Colombe et j'ai 17 ans. J'aimerais correspondre avec des jeunes filles et garçons venant d'Amérique, de France, de Chine et du Japon ayant entre 16 et 25 ans, parlant si possible français, anglais ou espagnol. Joindre photo SVP C/O Mme Rabarison

Farambola, c/o BNI-CLM (DDE) Analakely, Tananarive 101, Madagascar.

● Salut tout le monde, je m'appelle Angélique, j'ai 11 ans et je cherche des correspondants de 11 ans et plus. J'adore Michael Jackson, Tom Cruise et toute l'équipe de "Beverly Hills". Réponse assurée à 100%. Écrivez-moi en anglais ou en français. Angélique Vaudois, lot l'Escaillon, 7, allée Saint-Just, 13500 Martigues, France.

● Salut! Je m'appelle Salem et j'ai 17 ans. Je voudrais correspondre avec des filles ou des garçons. J'aime la musique, le sport... Alors à vos stylos! Réponse assurée

à 100%.
Saidi Salem, librairie Ghassen, Gare Moularés, Cafsa 2110, Tunisie.

● Salut! Je voudrais correspondre avec nombre d'entre vous. Que tu aies 13, 15, ou 17 ans, fille ou garçon, du Japon, de Suisse, de France, d'Afrique ou d'Australie, écris-moi ! Je veux faire déborder ma boîte aux lettres !
Écrivez-moi vite! Emmanuelle Faulkner, 480, Florence, 101 Sherbrooke,

Québec, J1H 2J7, Canada.

● Bonjour, je suis une québécoise sportive de 15 ans. J'aimerais échanger des idées sur plusieurs sujets avec des adolescent(e)s de mon âge (plus ou moins). Écrivez-moi. Réponse assurée. J'attends de vos nouvelles les gars et les filles d'ailleurs... Marie-Noëlle Tanguay, 792, rue Lanoie, Upton, Québec, JOH ZEO, Canada.

© **VOTRE HOROSCOPE PAR TÉLÉPHONE** Jour par jour, des prédictions plus précises au **36.68.68.38.** (2,19 F par minute)

(i) Write the name of the person who is hoping for a letterbox full of replies.

_____

(ii) Write the name of the person who is asking for replies from Spanish speaking penpals?

_____

(iii) How many of the letters guarantee a reply?

_____

(iv) What two things should you do in order to have your letter included?

(a)_____

(b)_____

Written Expression

You are on holidays in the South of France with your parents. Write a letter to your best friend at home in Ireland based on the following information:

— the journey by plane

— your hotel

— the food

— the weather

— activities.

Describe a new friend that you have met. Tell your best friend to enjoy his/her holidays and say that you will be home at the end of July.

Reading Comprehension

A

1 (i) Match the following sets of signs and pictures. Indicate your answer in all cases by inserting the letters which correspond to the numbers in the boxes below.

No.	Letter
1	
2	
3	
4	
5	
6	
7	
8	
9	
10	

(ii) Which one of the following signs might interest holiday-makers? Write (a), (b), (c) or (d) in the box provided.

(a) Tarif réduit

(b) Bureau de vente

(c) Passage à niveau

(d) Ascenseur

2 Look carefully at the following advertisement and then answer the questions which follow.

LES CINÉMAS DE ROYAN *PRÉSENTENT :*

TOUS LES JOURS

en MATINÉES (jusqu'à 20 h)

PRIX RÉDUIT

pour tous : **33 F**

SAUF

En cas d'après-midi pluvieux :

PRIX : Réduit exclusivement pour -12 ans et + 65 ans : 33 F pour les autres prix normal 42 F

TOUS LES JOURS

EN **SOIRÉES** (à partir de 20 h)

PRIX UNIQUE POUR TOUS : 42 F

(i) At what time do the reduced prices end?

(ii) What prices are charged on a wet afternoon?

3 Read the following advertisements and answer the questions which follow.

LAINE MOHAIR ET GELEES A BASE DE PLANTES - EXPO
Chez Véronique et Dominique Baud-Ahran
Chièze - 43200 ARAULES
Tél. 71.59.65.46
Route «Le Puy - Valence». A gauche, direction «FAURIE», traverser Montbuzat. C'est à 1 km. Nos chèvres Angora vous offrent un mohair de qualité, chaud, doux et léger, facile à tricoter. Nous réalisons pulls, écharpes, plaids, etc Dans un cadre naturel splendide, vous pourrez déguster nos infusions et sirops «maison».

MAISON DE L'ESCARGOT
Chez Alain Charras
Andrillon - 43200 GRAZAC
Tél. 71.59.32.00
Route Yssingeaux-Montfaucon prendre Grazac - 1,5 km après le bourg Conserves artisanales au vin blanc Produits frais sur commande + visite de 15 à 18 h. Ts les jours sauf le mercredi

FROMAGES et «PETITS FRUITS» DE MONTAGNE
E.A.R.L. Le Fromental
Chez Michelle et Jean Louis Vincent
Fromental - 43200 ST JEURES
Tél. 71.59.61.90
A «La Jeanne», route du barrage de Lavalette, puis 1ère à gauche suivre les flèches. Tous les parfums de nos montagnes dans nos fromages de chèvres et de brebis. Visitez la plantation de myrtilles géantes (perles noires du Velay).
Dégustez nos produits devant un panorama exceptionnel sur les Sucs du Velay

MIELS ET PAINS D'EPICE
Chez William Guilhot
Les Hostes
43520 MAZET SAINT VOY
Tél. 71.65.04.82
Route Le Mazet Tence à 3 kms du Mazet Bord de route à gauche La plupart de nos miels sont récoltés à plus de 1000 m. d'altitude, dans des zones à prédominance de fleurs sauvages, des sites préservés, garantis d'une saveur intacte. Nos pains d'épice sont fait maison avec de la farine bio.

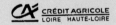

CRÉDIT AGRICOLE
LOIRE HAUTE-LOIRE

CONFITURES ET NECTARS DE FRUITS
Chez Michel Cartal
Michon - Foumourette
43520 MAZET SAINT VOY
Tél. 71.65.05.08
Nos confitures allégées fermières contiennent 30 % de sucre maxi. Les nectars sont de purs jus extraits à la vapeur : un délice ! il faut 1,2 kg de fruits pour obtenir 70cl de nectar. Fruits frais - SORBETS

YAOURTS NATURES ET PARFUMES
Chez Brigitte et Gérard Faurie
Utlac 43190 TENCE
Tél. 71.59.88.79.
A 2 km de Tence, direction Chenereilles Nos yaourts sont préparés avec un lait de qualité, partiellement écrémé, provenant d'une alimentation sans ensilage d'herbe. Elaboré à partir d'une recette traditionnelle, vous retrouverez le goût d'une saveur oubliée.

FOIE GRAS, PATE ET CONFIT DE CANARD
GAEC «Les Genets d'Or»
Route de Flaviac
43190 CHENEREILLES
Tél. 71.59.83.43
Chenereilles, direction Flaviac, 800 m à droite Nous recevons des canards prêt à gaver. Le gavage dure 17 jours à raison de 2 fois par jours. Ensuite, ils sont abattus et transformés.

HALLE FERMIERE
Près du jardin botanique
43520 MAZET ST VOY

Tous les produits du «Circuit Gourmand des Fermes du Lizieux» réunis au même endroit (fromages, confitures, miels, nectars etc . .) Des coffrets-cadeaux pour vos amis ! Une exposition d'artisanat

Ouvert de 9h à 12h et de 15h à 19h
Tous les jours sauf dimanche après-midi et lundi matin
Période : juillet - août - mi-septembre toutes les vacances scolaires de l'année Ouvert aussi les 1er et 3ème week-end de chaque mois

(i) Which number would you ring if you wanted to buy honey?

_____

(ii) Which number would you ring if you wanted to purchase wool?

_____

(iii) Which number would you ring if you wanted to buy duck liver paté?

_____

(iv) Which number would you ring if you wanted to buy jam?

---◆---

B

Read the following extracts and answer the questions on each one in English.

Alerte à la bombe chez Mickey

● Une alerte à la bombe a eu lieu hier matin dans l'hôtel Sequoia-Hodge d'Euro Disney. Cinquante personnes présentes à ce moment dans l'hôtel ont été évacuées par sécurité. Le service de déminage de Versailles a fait exploser une valise suspecte. Elle était vide.

1   According to the above article

    (a)   Fifty people were injured by a bomb.

    (b)   A bomb was found.

    (c)   The police exploded a suspect suitcase.

    (d)   A hotel was damaged by a bomb.

2

Secousse

Belgrade. — Un séisme de magnitude 4,2 sur l'échelle ouverte de Richter a ébranlé hier la région montagneuse de Kopaonik, à 180 km au sud de Belgrade. La secousse a été enregistrée à 5 h 55 (heure de Paris). Des habitants ont aussitôt fui leur maison, cédant à la panique. La région avait été le théâtre d'un violent tremblement de terre en 1980.

(i)   Describe the region where the earthquake took place.

_____

_____

_____

_____

(ii)   What was the reaction of the inhabitants?

_____

_____

3   Why were the three young men arrested?

_____

_____

_____

_____

● **Arrestation
de trois agresseurs
de personnes âgées**

Trois Tunisiens ont été interpellés jeudi après avoir agressé une femme de cinquante-huit ans à Paris (17ᵉ). Selon les policiers, les jeunes gens sont soupçonnés d'avoir agressé d'autres personnes âgées dans des conditions identiques.

4   ● **Si vous habitez la région parisienne, pour avoir un avant-goût de vacances ou pour entretenir votre bronzage, allez donc passer une après-midi sur la plage de l'Isle-Adam, près de Cergy-Pontoise. Ouverte jusqu'au 15 septembre, c'est la plus grande plage de France au bord d'une rivière, avec du vrai sable fin autour d'un bassin de 50 mètres et de ravissantes cabines 1930 ! Vous pourrez même faire des promenades en barque ou en pédalo, et un mini-club propose des jeux et des activités pour les enfants. Renseignements, en téléphonant au 34.69.01.68.**

(i)   What is unusual about the beach?

_____

_____

_____

(ii)   Name any two activities that can be pursued at the beach.

_____

_____

C

Read the following fact file and then answer the questions.

(i)   What is Naomi Campbell's favourite pastime?

_____

_____

(ii)   What, according to the article, is her main defect?

_____

_____

CAMPBELL *Naomi*

SALUT! TOP-MODEL

Nom : Campbell - **Prénom :** Naomi
Née le : 22 mai 1970 - **À :** Londres
Signe astrologique : Gémeaux
Taille : 1m77 - **Poids :** 54 kg
Yeux : noirs - **Cheveux :** bruns
Situation de famille : après une série de liaisons mouvementées (Mike Tyson, Eddie Murphy, Eric Clapton, Robert de Niro...), Naomi a officiellement annoncé ses fiançailles, en direct, à la télévision irlandaise avec le bassiste de U2, Adam Clayton ! Sa mère, Valérie Campbell, ex-danseuse, est d'origine jamaïcaine, son père d'origine chinoise.
Lieu de résidence : Naomi a un "pied à terre" dans toutes les grandes capitales de la mode, New York, Paris et Londres.
Hobby : elle adore chiner dans les marchés aux puces ! On l'a d'ailleurs plusieurs fois vue portant des robes achetés aux fripes !
Elle aime : l'authenticité et l'intelligence chez les hommes, l'élégance en plus chez les femmes, le rock, Joséphine Baker, Jessica Rabbit, les vêtements créés par Azedine Alaïa
Elle déteste : le mépris, la vulgarité
Principal défaut : la jalousie
Principales qualités : ses mensurations (86-56-80) qui ont fait d'elle la "Statue noire" des plus grands défilés !
Chanteurs/Chanteuses préférés : Jimi Hendrix, Eric Clapton, Madonna

Études : poussée par sa mère qui avait été danseuse professionnelle, Naomi a suivi les cours d'une école d'arts "scéniques" à Londres.
Ses débuts : *"J'étais si maigre qu'on m'avait surnommé Olive Oil, comme la femme de Popeye !"* Pourtant à 15 ans, Naomi est remarquée, alors qu'elle se promène dans le quartier de Covent Garden, par une directrice d'agence londonienne Beth Boldt, séduite par ce corps de liane. Son premier job important sera de devenir mannequin pour Azedine Alaïa. Sept ans plus tard, Naomi deviendra la première Noire à accéder au rang de top-model. Parmi ses plus beaux coups, notons sa participation au clip de Michael Jackson "In the Closet", et le fait qu'elle ait été la première Black à faire la couverture du "Vogue" français. Son succès permettra de lancer la mode ethnique dans le monde des mannequins.
Salut! Plus : le premier album de Naomi devrait sortir très prochainement chez Epic. Des signatures célèbres, dont celles de Billy Steinberg et Tom Kelly, les compositeurs du premier tube de Madonna ("Like a Virgin"), y ont participé. Son contrat avec la maison de disques stipulerait qu'elle doit encore enregistrer deux albums. Naomi compterait-elle se reconvertir dans la chanson, une fois sa carrière de top-model terminée ? À suivre...

(iii) Why was Naomi Campbell sometimes called 'Olive Oil'?

_____

_____

(iv) List any two major achievements in the career of Naomi Campbell.

_____

_____

Written Expression

You are a young French boy or girl staying with a family in the west of Ireland. Write a postcard to your parents telling them about your stay.
Use the following pieces of information:

— you arrived safely last Tuesday

— the family gave you a warm Irish welcome

— you attend English classes every morning

— the countryside is very different – mountains, rivers, lakes

— the weather is not very good – rain, fog, etc.

— tomorrow you hope to go to the Aran Islands.

Reading Comprehension

A

1 (i) Match the drawings (which represent the many types of programmes shown on French TV) with the name in French of the programme below.
The drawings are numbered 1-10.
The names of the programmes are lettered A-J.

No.	Letter
1	
2	
3	
4	
5	
6	
7	
8	
9	
10	

les informations **A**

un western **B**

une émission pour les jeunes **C**

une émission sportive **D**

des dessins animés **E**

un film de science-fiction **F**

un film d'horreur **G**

un documentaire sur les animaux **H**

un film policier **I**

une pièce de théâtre **J**

(ii) These signs may be seen in a French town. Which one is of special interest to motorists?
Write (a), (b), (c) or (d) in the box provided.

(a) Dépannages

(b) Randonnées

(c) Fromages divers

(d) Musée maritime

2 Read the following advertisement and answer the questions.

LES MATHES LA PALMYRE

dans un site forestier de 10 000 hectares
sur 25 km de plage de sable fin

VOS VACANCES DANS UNE STATION JEUNE et DYNAMIQUE

Vivez au grand air

Pour tous renseignements :
Syndicat d'Initiative Tél. 46.22.41.07

(i) Describe this holiday resort.

_____

_____

_____

_____

(ii) Where can additional information be found?

_____

_____

_____

_____

3　Read the following advertisement and answer the questions which follow.

Faites les vitres une seule fois par an

Ce produit conserve les vitres propres pendant environ un an : il prévient la formation de buée, tâches, dépôts de poussière, par un film protecteur invisible.

Sur les fenêtres, miroirs, pare-brise, ce vaporisateur dépose un film protecteur invisible. En quelques minutes, vous venez de vous épargner un an de "corvée de vitres" ! Pendant toute cette période, la buée, l'humidité, qui fixent la poussière et laissent des traces, ne se forment plus sur la vitre. Vaporisateur : 250 ml

2 Vaporisateurs Vitre-magique :
Réf.SUD68901...199F

4 Vaporisateurs Vitre-magique :
Réf.SUD69111...299F

Frais d'expédition : + 25F

(ii)　Explain the main advantage of this product?

_____

_____

(ii)　How long does it take for the product to work?

_____

_____

(iii)　How much does postage cost?

_____

_____

B

Read the following extracts and answer the questions on each one in English.

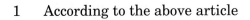

Un alpiniste introuvable

Un Parisien de trente-sept ans, Patrick Boulez, alpiniste confirmé, est porté disparu depuis vendredi soir dans le massif du Mont-Blanc. Les gendarmes de haute montagne, aidés d'un hélicoptère, le recherchaient hier entre le refuge des Conscrits et le dôme des Miages, qui culmine à 3 950 mètres, et sur le glacier de l'Armancette.

1 According to the above article

  (a) The climber was twenty-seven years old.

  (b) The climber slipped on a glacier.

  (c) The climber disappeared on Friday evening.

  (d) The climber was spotted by a helicopter.

2

Bon appétit !

Le sandwich le plus long du monde est italien. Il mesure 404 m de long et a été confectionné à Trieste où plusieurs centaines de personnes étaient venues le week-end l'admirer — et le goûter —.

Pour le confectionner, il a fallu 600 kgs de prosciutto et plusieurs dizaines de kilos de charcuteries diverses. Cent jeunes gens et jeunes filles ont participé à sa fabrication qui a demandé 24 heures de travail acharné. Il a en effet fallu assembler 500 tranches de pain mesurant chacune 70 cm de longueur. Le tout a été arrosé de 2 000 litres de vin !

(i) How many people came to see the longest sandwich in the world?

_____

_____

_____

_____

(ii) How long did it take to make the sandwich?

_____

_____

3

17 TONNES DE HASCHISCH SUR LA COSTA BRAVA

Dix-sept tonnes de haschisch ont été découvertes par la police espagnole dans un tunnel creusé sur un flanc de montagne près de la plage de Lloret del Mar, en Catalogne. La galerie disposait d'un système de ventilation mécanique pour maintenir le haschisch en bon état. Un wagonnet fonctionnait avec un groupe électrogène et un tapis roulant conduisait à la plage où deux bateaux, dont une vedette rapide, assuraient le transport de la drogue. Six personnes, dont un mafioso francais — apparemment le cerveau de la bande —, Jacques-Antoine Cannavaggio, ont été arrêtées au cours de cette saisie qui est la plus importante jamais effectuée en Espagne.

(i) Describe where the drugs were found.

_____

_____

_____

_____

(ii) What is said about the drugs seizure in the last lines?

_____

_____

_____

4

« Le Liauron » pollué

Aubenas. – Hier à 8 h 30, une pollution de la riveère Le Liauron était constatée au Cellier du Luc, près de Saint-Etienne-de-Lugdarès. Cette pollution s'étendait sur 400 mètres en amont de la localité et 300 à 400 truites étaient asphyxiées. Sept tubes de « javel » ont été rivière et les gendarmes de la brigade de Saint-Etienne-de-Lugdarès procèdent à l'enquête.

Describe the extent of the pollution.

_____

_____

Read the following star fact file and answer the questions.

JANET JACKSON

Nom: Jackson
Prénom: Janet Damita
Née le: 16 mai 1966 à Gary, dans l'Indiana, aux Etats-Unis.
Signe astrologique: Taureau
Taille: 1,58 m
Poids: 44 kg
Son caractère: Janet fait partie de la famille Jackson. Ultra protégée dans son enfance, elle est devenue une star. Elle s'avoue timide mais aussi très volontaire!
Vie privée: divorcée du chanteur El Debarge, Janet a eu depuis plusieurs liaisons. Mais aucune n'a véritablement tenu la route.
Lieu de résidence: une superbe maison à San Diego en Californie
Premiers jobs: petite soeur des Jackson Five!!! Actrice dans la série télé "Fame".
Elle adore: le funk, les cobras, le chewing-gum, son frère Michael, jouer au "Trivial Pursuit."
Elle déteste: les menteurs, les racistes et les gens qui s'intéressent de trop près à sa vie privée.
Sports pratiqués: la danse, le footing, la musculation. Pour sa dernière tournée, le "Rythm Nation Tour", Janet a suivi un entraînement de sportive digne de celui de Madonna.
Sa couleur préférée: Janet adore le noir.
Son type de mec: on l'a vu aux côtés de jeunes mecs assez androgynes mais dans ses clips, elle a une préférence pour les hommes plutôt musclés barbus ou moustachus!!!
Ses plus grands tubes: "What Have You Done For Me Lately", "Let's Wait Awhile", "Rythm Nation", "Escapade", "That's The Way Love Goes".
Discographie: "Control", "Rythm Nation 1814", "Janet".
Où lui écrire: c/o Virgin
11, place des Vosges
75004 Paris
SUPER PLUS: Depuis le succès mondial de "Rythm Nation", Janet a changé de maison de disques. Le montant de son contrat avec Virgin a dépassé celui du contrat passé par son frère Michael avec Sony Music!!

Note: Mec = slang term for 'young man' equivalent to 'guy' in English.

(i) Under what star sign was Janet Jackson born?

_____

(ii) What two words best describe her character?

(a) _____   (b) _____

(iii) Name two groups of people that Janet Jackson does not like.

(a) _____   (b) _____ ....

(iv) What type of man does she prefer?

_____

_____

(v) In what way has she beaten her brother Michael's record?

_____

_____

Written Expression

You have received a letter from your French penpal in which he/she has asked you for information on your area. Write a letter describing the following details:

— the countryside

— lakes, rivers, etc.

— description of town

— population

— shops

— churches

— restaurants

— historic sites

— interesting activities for young people.

Invite him/her to visit you during the summer holidays.

Reading Comprehension

A

1   (i) Match the following sets of signs
    and pictures. Indicate your answer
    in all cases by inserting the letters
    which correspond to the numbers
    in the boxes below.

No.	Letter
1	
2	
3	
4	
5	
6	
7	
8	
9	
10	

(ii) Which one of the following signs would you expect to find at a French campsite? Write (a), (b), (c) or (d) in the box provided.

(a) Jupe en laine

(b) Bandes dessinées

(c) Magasin d'alimentation

(d) Escalier

2 This notice appeared in a French newspaper.

(i) At what time will the match begin?

_____

_____

_____

_____

(ii) When does booking begin?

_____

_____

_____

_____

Match Abonnés N° 2

SAMEDI 30 JUILLET
20 H 30
PARC DES PRINCES

avec RTL

PSG

reçoit

NANTES

LOCATION A PARTIR D'AUJOURD'HUI

• AU PARIS S.G.
28, RUE BERGERE PARIS 9ᵉ

• AUX AMIS DU PARIS S.G.
25, AV. FRANKLIN ROOSEVELT PARIS 8ᵉ

• AU PARC DES PRINCES

ET DANS TOUS LES MAGASINS "CARREFOUR"
DE LA REGION PARISIENNE

LE JOUR DU MATCH, LOCATION UNIQUEMENT
AU PARC DES PRINCES A PARTIR DE 9 H.

3   The following menus appeared in the window of a French restaurant. Look at them and answer the questions which follow.

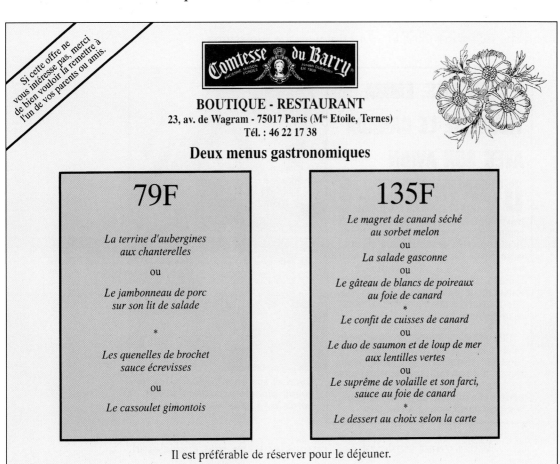

Comtesse du Barry
ANCIENNE MAISON FONDÉE   Joseph DUBARRY EN 1908

BOUTIQUE - RESTAURANT
23, av. de Wagram - 75017 Paris (M°s Etoile, Ternes)
Tél. : 46 22 17 38

Deux menus gastronomiques

79F

La terrine d'aubergines
aux chanterelles

ou

Le jambonneau de porc
sur son lit de salade

*

Les quenelles de brochet
sauce écrevisses

ou

Le cassoulet gimontois

135F

Le magret de canard séché
au sorbet melon
ou
La salade gasconne
ou
Le gâteau de blancs de poireaux
au foie de canard

*

Le confit de cuisses de canard
ou
Le duo de saumon et de loup de mer
aux lentilles vertes
ou
Le suprême de volaille et son farci,
sauce au foie de canard

*

Le dessert au choix selon la carte

Il est préférable de réserver pour le déjeuner.

(i)   On which menu is pike listed?

_____

(ii) On which menu is duck listed?

_____

(iii) What are you asked to do in the top lefthand corner of this advertisement?

_____

B

Read the following extracts and answer the questions on each one in English.

1

A NEUF ANS, EMMA TRAVERSE LE CANADA AVEC SON AVION

DE plus en plus fort, de plus en plus jeune ! Chris Marshall avait renouvelé l'exploit de Lindbergh, en traversant, à onze ans, l'Atlantique aux commandes de son petit avion. Emma Houlston vient de battre son record : cette petite Canadienne n'a que neuf ans. Son rêve à elle, traverser le Canada, du Pacifique à l'Atlantique. Partie le 10 juillet dernier de Victoria, elle a atterri sans encombre à Saint-Jean-de-Terre-Neuve.

Elle est évidemment le plus jeune pilote à avoir jamais accompli une telle prouesse. Secondée par son papa, Emma n'a pas failli une seconde tout au long des 5 000 kilomètres de son périple et a conduit, en pilote accompli, son petit monomoteur à bon port.

Chris et son ours Lindberg, les nouveaux pionniers, avaient atterri en héros le 14 juillet au Bourget...

(i)   What great exploit has Emma Houlston just completed?

_____

_____

(ii)   Who accompanied her on the great adventure?

_____

_____

2

A CHACUN SON FESTIVAL !

Cet été, en Avignon, la Maison du théâtre pour enfants consacre pour les trois à quinze ans, un superbe spectacle. Tous les jours, jusqu'au 3 août, ils pourront applaudir les marionnettes de « la Malle à malices » (à 11 heures et 16 heures, sauf les lundis), écouter bouche bée les conteurs de la compagnie Farfadette (à 15 heures), « swinguer » avec Gaspard le blues de Raz de Marée (à 15 h 30) ou bien rire avec les Douze Clowns de minuit (à 16 h 30, sauf les 18 et 25 juillet).

■ A chacun son festival ! Maison du théâtre pour enfants, 20, avenue Monclar, 84000 Avignon. Prix des billets : 25 F pour les enfants, 50 F pour les adultes.

Describe any two activities that take place during the festival.

(a) _____

_____

(b) _____

_____

3 What manoeuvre was the motorist performing when he ran into the motor-cyclist?

_____

_____

_____

_____

_____

Encore un accident sur la nationale 86

La Voulte. — Au sud de la Voulte, à hauteur de l'hôtel de la Vallée, une voiture conduite par M. Gutières Alfred, demeurant à Valence a, en doublant une autre voiture, heurté une mobylette se trouvant devant celle-ci et qui s'apprêtait à tourner à gauche. Le cyclomotoriste, Mlle Habouzite Sandrine, 17 ans, des Fonts-du-Pouzin souffrant de contusions et de blessures au cuir chevelu a été transportée au centre hospitalier par les pompiers de La Voulte.

4

Vol de caravane

Une famille belge, en route pour des vacances dans le Midi, s'est fait voler sa caravane au cours d'une brève halte au restoroute de l'Obrion, à une dizaine de kilomètres de Nancy. Aucun des nombreux vacanciers présents sur l'aire n'a prêté attention à ceux qui ont décroché la caravane pour l'atteler à leur véhicule.

(i) Where was the family going when the theft took place?

_____

_____

(ii) What was the family doing when the theft occurred?

_____

_____

C

Read the newspaper article opposite and answer the following questions.

(i) What promise did Pavarotti make?

_____

_____

(ii) What step has he taken in order to keep his promise?

_____

_____

PAVAROTTI

3 gardes du corps ...

FINIES les razzias à minuit dans le réfrigérateur ! Finis les trois ou quatre « gueuletons » par jour, à base d'énormes quantités de pâtes, recouvertes de sauces bourrées de calories ! Puisque Luciano Pavarotti, le plus célèbre ténor du monde, n'arrive

force, si nécessaire, le chemin de la cuisine ! Il ne s'agit pas d'une plaisanterie. Le médecin personnel de Luciano l'a prévenu que s'il ne perdait pas au moins 50 kilos (il en pesait encore 154 il y a peu de temps !), il risquait tout simplement d'en mourir ! Une perspective qui fait trembler non seulement sa famille, mais aussi les centaines de millions d'admira-

teurs qu'il a dans le monde entier. Alors... aux grands maux les grands remèdes ! Si Lu-

ciano manque de volonté, ses trois gardes du corps en auront pour lui !

... pour l'empêcher de manger!

pas à tenir la promesse qu'il a faite à sa femme, à ses filles, et... à son médecin, de moins manger et de maigrir, il a lui-même décidé d'employer les grands moyens. La star du bel canto vient en effet d'engager trois gardes du corps musclés. Pour le protéger ? Oui, contre lui-même, en le suivant pas à pas, 24 heures sur 24, avec une seule mission : lui barrer, de

Luciano n'arrive plus à porter seul son propre poids...

(iii) Write out the sentence in the article which tells you that this is not a joke.

_____

_____

(iv) What comment did his doctor make?

_____

_____

(v) How many fans has the singer according to the article?

_____

Written Expression

Your parents are not at home and you have to leave a note because you have been invited to a party. Use the following details:

— 9.00 p.m.

— homework finished

— party at a friend's house

— all friends going

— music

— food

— dancing

— return by 1.00 a.m.

Reading Comprehension

A

1 (i) Match the following sets of signs and pictures. Indicate your answer in all cases by inserting the letters which correspond to the numbers in the boxes below.

No.	Letter
1	
2	
3	
4	
5	
6	
7	
8	
9	
10	

(ii) Which of the following signs might interest a reading enthusiast?
Write (a), (b), (c) or (d) in the box provided.

(a)   Maison pour tous

(b)   Bibliothèque municipale

(c)   Jouets

(d)   Coiffeur

2   Look at the following advertisement and answer the question.

(i) What type of club is being advertised?

_____

_____

_____

_____

(ii) How soon can you join the club?

_____

_____

_____

_____

3 Read the following notice and answer the questions. In each case write (a), (b), (c) or (d) in the box provided.

Excursions SNCF

VOULEZ-VOUS GAGNER
UN VOYAGE DE 7 JOURS EN CORSE ?
C'EST FACILE !
REMPLISSEZ LE QUESTIONNAIRE
AU VERSO. RENVOYEZ-LE AVANT
LE 30 SEPTEMBRE 1994
IL PARTICIPERA A UN TIRAGE AU SORT.

Les lauréats seront avisés personnellement des résultats du tirage.

LISTE DES PRIX (à utiliser avant le 30 septembre 1995).

1er prix : un tour de la CORSE en 7 jours, pour deux personnes, au départ de la gare desservant votre domicile ou de la frontière française, tous frais compris (transport, hôtel, repas, visites, taxes et services).

Plusieurs dizaines d'autres prix : excursions à la journée, en autocar ou vedettes nautiques, pour deux personnes, (transport, visites, taxes et services).

(i) Which of the following statements is *not* true?

(a) French railways are mentioned in the notice.

(b) You are asked to fill in a questionnaire.

(c) There will be only one prize.

(d) The winners will be notified.

(ii) Which of the following statements *is* true?

(a) The trip to Corsica will be by train.

(b) The boat journey to Corsica will take seven days.

(c) The prize must be used before October 1995.

(d) The list of prizewinners will be published on the 30th September 1995.

(iii) Which one of the following statements is *not* true?

    (a) All expenses are paid.

    (b) The prize is for three people.

    (c) Hotel accommodation is included.

    (d) Daytrips by bus are also listed.

B

Read the following extracts and answer the questions on each one in English.

1 (i) What ban has been imposed by the Chinese authorities?

_____

_____

_____

_____

(ii) Why has this ban been imposed?

_____

_____

_____

_____

Tigre

Hong-Kong. — Les autorités chinoises ont interdit aux villageois de la région de Guangdong de chasser un tigre, d'une espèce menacée, même s'il s'attaque à leur bétail.

Les empreintes d'un tigre de Chine ont été découvertes dans la province et des villageois ont fait état de la disparition de plusieurs têtes de bétail. Une équipe de zoologistes chinois s'est rendue dans la région pour aider à la capture de l'animal. Il n'existe que cinquante tigres de Chine dans le monde, selon les spécialistes de la protection des espèces rares.

2

Auto-défense

Nancy. — Un instituteur en retraite de 62 ans a abattu, lundi peu avant minuit, à Nancy, un homme qui, avec des complices, venait de s'introduire dans son appartement.

M. Roger Draux, qui habite le quartier cossu de l'avenue de la Libération, à Nancy, venait juste de se coucher lorsqu'il a entendu du bruit : il a alors appelé la police mais trois ou quatre hommes qui avaient réussi à forcer la porte de l'appartement, l'ont agressé et arrosé d'une bombe à gaz lacrymogène,

Mais Roger Draux, qui a eu le temps de se saisir de son fusil, a tiré au jugé, tuant sur le coup un de ses cambrioleurs

(i) Why did Monsieur Draux kill the man?

_____

_____

_____

_____

(ii) What weapon did he use?

_____

_____

_____

_____

3

Txomin

Bayonne. — Domingo Iturbe Abasolo, dit « Txomin », numéro un de l'E.T.A. militaire, a été remis en liberté hier. De source bien informée, on a appris que le militant basque devait rester quarante-huit heures dans un hôtel parisien avant d'être expulsé, très probablement ce week-end, vers l'Equateur ou la République du Cap-Vert.

A sa sortie de prison, « Txomin » a été emmené dans une voiture en direction de la capitale. Il était gardé par des inspecteurs en civil. Domigo Iturbe Abasolo avait été incarcéré le 27 avril 1986 à Gradignan (Gironde).

What has happened to Domingo Iturbe?

_____

_____

_____

_____

4

Bagarre au café

Une bagarre a éclaté au café du Chemin-de-Fer à Lagny-sur-Marne. Il est un peu plus de minuit, dans la nuit de mercredi à jeudi, quand deux consommateurs règlent leur différend de manière plutôt musclée. L'un assène un coup de poing à son adversaire au moment où celui-ci porte un verre à la bouche. Le choc est spectaculaire : la victime est blessée au cou et saigne abondamment. Il faut l'emmener à l'hôpital.

En se rendant sur place, les policiers en ont profité pour lancer sept procédures. Motif : ivresse publique !

(i)   What happened in the café?

_____

_____

(ii)   What was the man charged with?

_____

_____

C

Read the newspaper article opposite and answer the following questions.

(i)   What has Diego Maradona decided to do?

_____

_____

(ii)   What happened to Maradona while he was playing for Naples?

_____

_____

(iii) At the time of writing this article a number of issues were yet to be decided. Name any two of them.

(a)_____

_____

_____

(b)_____

_____

_____

Diego Maradona fait son cinéma

LE célèbre footballeur argentin l'a annoncé lui-même vendredi à Buenos Aires : Diego Maradona, trente et un ans, va raconter sa vie dans un film. « Je vais raconter toute la vérité sur ma vie, a-t-il confié dans une interview accordée à la chaîne de télévision argentine Canal 13. Je sais que ce sera difficile de revenir sur tous les épisodes de ma vie, mais j'ai décidé de ne rien cacher. » Sa carrière est riche en rebondissements : ses heures de gloire en Argentine avec le poste de numéro dix et son rôle de capitaine de l'équipe prestigieuse du pays, son transfert à Barcelone, puis à Naples où il avait été mêlé de très près à une affaire de stupéfiants il y a près de trois ans, son exil en Argentine, enfin son retour en Europe sous les couleurs du club espagnol de Séville qu'il a été contraint de quitter il y a quelques semaines.

Plusieurs films historiques à succès actuellement projetés dans les salles de son pays encouragent Diego Maradona à se lancer dans cette nouvelle aventure cinématographique, notamment « Gatica, el Mono » qui retrace le parcours du plus grand boxeur argentin des années quarante – cinquante, José Maria Gatica. Beaucoup de zones d'ombre entourent encore le film que veut tourner Maradona et qui sera produit en association avec son compatriote et ami Fita Paez, l'un des meilleurs spécialistes de la musique populaire d'Argentine. On ignore en effet si Diego Maradona, qui pour l'instant n'appartient plus à aucun club de football, incarnera à l'écran son propre rôle. On ignore aussi s'il participera à l'écriture de scénario. Enfin et surtout, Maradona n'a pas encore précisé s'il dirigerait le film.

Written Expression

You wish to invite your Irish penfriend to stay with you in Paris during the Easter holidays. Write a letter to him/her in which you suggest the following ideas:

— dates of visit
— travel plans
— activities during visit
— sightseeing in Paris
— trips to the countryside
— meeting friends
— dining out
— cinema
— swimming pool.

Ask him/her to write back as soon as possible

Reading Comprehension

A

1 (i) These signs can be seen in a French town. Which one is concerned with winetasting?
Write (a), (b), (c) or (d) in the box provided.

(a) Boucherie

(b) Agence de voyages

(c) Eau potable

(d) Dégustation gratuite

(ii) Match the following signs and their English equivalents. Indicate your answer in each case by inserting the number which corresponds to each English equivalent in the boxes below.

1 **CHANGE**

2 **CAISSE**

3 **RENSEIGNEMENTS**

4 SORTIE

5 **Arrivée ▶**

6 **Billets**

7 **ENTRÉE ▶**

8 TOILETTES

9 **DEPART**

10 **STADE**

No.	English Equivalents
	Toilets
	Exit
	Stadium
	Departures
	Entrance
	Tickets
	Information
	Arrivals
	Cash-desk
	Money-Exchange

2   The following advertisement appeared in a tourist brochure.

COBAC PARC

Animaux en Liberté

Téléphone : 99.73.80.16

- Ouvert tous les jours du 1er Mai au 30 Septembre et Samedi - Dimanche et jours fériés en Mars, Avril et Octobre.
- Vacances scolaires : Mars - Avril et Octobre.
- Parc fermé de Novembre à Février.

RENSEIGNEMENTS :   Route de Pleugueneuc - LANHÉLIN
35720 SAINT-PIERRE-DE-PLESGUEN
R.C. 75 A 209 ST MALO

(i)   What type of park is being advertised?

_____

_____

_____

_____

(ii)   When does the park close?

_____

_____

_____

_____

3   Read the following extract from a French television schedule and answer the questions.

LES AVENTURES DE TINTIN

📺 Dessins animés d'après Hergé. Durée : 1 h 35.

★
★ Les cigares du pharaon : Tintin et Milou partent en croi-
★ sière pour l'Orient. Sur le pa-quebot, ils font la connais-sance de Philémon Siclone, un égyptologue farfelu. Ce dernier disparaît alors qu'il cherche le tombeau du pharaon Kih-Osk. Tintin part à sa recherche.

Le lotus bleu : Tintin et Milou se reposent de leurs dernières aventures en Inde quand un messager leur demande de se rendre immédiatement à Shangaï. Mais une fléchette empoisonnée rend fou le malheureux messager. Tintin part

Tintin a été enlevé.

à la recherche d'un antidote au poison.
Pour tous publics.   741350

(i)   What type of programmes are described in the extract?

_____

_____

(ii) Where did Tintin and Milou meet Philémon Siclone?

_____

_____

(iii) What happened to the messenger in the second programme?

_____

_____

B

Read the following extracts and answer the questions on each one in English.

1

▼ La météo du Tour de France

APRÈS une matinée ensoleillée, le ciel se voilera à la mi-journée. Il fera chaud et lourd l'après-midi, mais les nuages ne devraient pas éclater avant la soirée. On ne peut toutefois pas exclure un faible risque pour les derniers départs du contre-la-montre. Le vent sera faible, de secteur sud-ouest, donc plutôt défavorable en première partie d'étape, puis favorable en seconde partie. Entre les premiers et les derniers concurrents, la température s'élèvera de 22° à 27°.

(i)   What will the weather be like in the afternoon?

_____

_____

(ii)   What type of tour stage will be taking place in the afternoon?

_____

_____

2

Tué à coups de rasoir

Marseille. — Le corps de M. Henri Guoillon, 39 ans, a été découvert à Berre-l'Etang (Bouches-du-Rhône) où il habitait.

Il a été blessé sur tout le corps à coups de rasoir. Le sein gauche avait été découpé et laissait apparaître le poumon. Henri Guoillon était connu des services de police pour divers méfaits. La police oriente ses recherches vers un proche de la victime.

How was Monsieur Guillon killed?

_____

_____

_____

_____

3

Souris volantes

Un vol de la British Airways à destination de Bangkok a dû être retardé pendant deux heures mardi à Kuala Lumpur après qu'on a découvert une souris à bord. La British Airways a envoyé une lettre d'excuses aux passagers en précisant que lorsqu'on trouve une souris dans un avion, « cela peut être dangereux pour la santé du public et pour les opérations de vol ».

C'est un passager qui a découvert l'animal.

Explain why the flight was delayed.

_____

_____

_____

_____

4

Au Canada, les nudistes sont très respectueux des traditions. Le pasteur célèbre la cérémonie, les témoins sont là, le rite des alliances est perpétué, seule la coutume de la robe blanche et de l'habit solennel est abandonnée. A l'Avenir, au Québec, Mlle Jocelyne Galardeau et M. Bernard Pellerin se sont ainsi unis pour le meilleur et pour le pire...

« Lors de mon premier mariage, je portais une robe blanche et celui-ci s'est terminé en fiasco. J'ai donc pensé qu'en me remariant nue j'aurai plus de chance », a confié la jeune mariée. Devant leurs 200 invités, également adeptes du nudisme, les deux promis ont dit : « oui ».

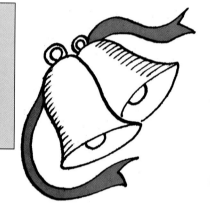

(i)　In what way was this wedding ceremony different?

_____

_____

(ii)　What comment did the bride make?

_____

_____

C

Read the following extract and answer the questions.

(i) What did Alistair Campbell hope to do by thirty years of age?

_____

_____

(ii) Where did the group get its name?

_____

_____

(iii) What reason do they give for their lasting success?

_____

_____

(iv) Where did the group record its new album?

_____

_____

ALI
Nom : Campbell
Prénom : Alistair
Né le : 2 février 1959
À : Birmingham, Angleterre
Signe astrologique : Bélier
Situation de famille : marié, Alistair a un fils qui s'appelle Ali, comme lui.
Hobby : le football
Chanteurs/Chanteuses préférés : Michael Jackson, Stevie Wonder, Bob Marley
Son rôle au sein du groupe : chanteur
Signe particulier : il a un jour déclaré dans une interview qu'il aimerait prendre sa retraite du monde du show-business à l'âge de 30 ans. Il en a 34 cette année...

UB 40
Leur histoire : formé à Birmingham en 1978, le groupe UB 40 tient son nom des fiches de renseignements de l'"ANPE" anglaise. Après avoir joué dans les pubs de leur ville (comme le Hare and Hounds), ils connurent le succès dès leur premier single, "King", classé Top 10 en Angleterre. En quelques années, ils devinrent le groupe de reggae le plus populaire de la planète : 1 000 concerts dans le monde entier (dont 365 lors de la dernière tournée) sauf en Afrique du Sud, où ils ont toujours refusé de jouer malgré les millions qu'on leur offrait. Côté chiffres de vente, c'est tout aussi impressionnant. Leur dernier album, "Labour of Love II", s'est vendu à 5 millions d'exemplaires (dont 1 million rien qu'en France !), dans des pays allant de la Côte d'Ivoire à la Colombie et la Nouvelle-Zélande. Ce succès international sans précédent fait de UB 40 les rois incontestés de la world music. Leurs ventes cumulées depuis leur création atteignent les 30 millions d'exemplaires. _"Si nous durons depuis si longtemps, c'est parce que nous ne sommes pas comme ces groupes qui disent une chose et font le contraire."_ Pour leur retour dans l'actualité, avec le nouvel album "Promises and Lies" ("Les Promesses et les mensonges"), qui sortira en juillet, le groupe a retrouvé sa ville natale en y créant un studio 48-pistes, un label de disques, des studios de cinéma et... sa propre agence pour l'emploi !

Discographie : "UB 44" (1982), "Live" (1983), "Labour of Love, vol. 1" (1983), "Geffery Morgan" (1984), "Baggariddim" (1985), "Rat in My Kitchen" (1986), "File" (1987), "Live in Moscow" (1987), "Best of, vol. 1" (1987), "UB 40" (1988), "Labour of Love, vol. 2" (1989), "Present Arms" (1991), "Labour ofLove, vol. 1 & 2" (1992), "Promises and Lies" (1993).

Note: A.N.P.E. = Agence Nationale Pour L'Emploi.

Written Expression

Your class is on a school tour to Switzerland. Write a postcard to your friend at home in Ireland, telling him/her all the news. Use the following information:

— you are enjoying yourself very much

— the bus trip was very long and tiring

— the hotel is very comfortable but you do not like the food

— you are going skiing later today

— tomorrow you will visit Geneva to buy presents.

Reading Comprehension

A

1 (i) Match the following sets of signs and
pictures. Indicate your answer in all
cases by inserting the letters which
correspond to the numbers in the
boxes below.

No.	Letter
1	
2	
3	
4	
5	
6	
7	
8	
9	
10	

(ii) Which one of the following notices would you expect to find at a filling station in France.
Write (a), (b), (c) or (d) in the box provided.

(a) Jeux divers

(b) Chien de garde

(c) Vérification d'huile

(d) Crédit Agricole

2 You have been asked to translate the following advertisement.
Answer the questions.

DOUBLE CHANCE

2 TIRAGES

AU TOTAL, PLUS DE

300.000 F

DE PRIX A GAGNER

A CHAQUE TIRAGE :

1er PRIX
UNE PEUGEOT 205

du 2e au 6e Prix
UN MAGNETOSCOPE

du 7e au 506e Prix
UN RADIO-RÉVEIL

une **SUPER CAGNOTTE**
de **25.000 F**

(i) How many draws will take place?

_____

(ii) What is the second prize?

_____

3   The following recipe is taken from a French cookery book. Answer the questions which follow.

(i)   Which one of the following items is *not* listed in the ingredients?

   (a) Cheese

   (b) Milk

   (c) Butter

   (d) Eggs

(ii)   Ham is listed in the recipe. Answer true or false.

(iii) How should the mushrooms be prepared?

   _____

   _____

   _____

$\mathcal{L}$a "Quiche briarde"

Le Chef : Huguette Legrand &
Franck Desessard
Logis de France
"Le Plat d'Etain"
Jouarre
Tél. : 60 22 06 07

Ingrédients :

125 g de pâte brisée
250 g de fromage de Brie
4 oeufs entiers plus un jaune
4 dl de lait chaud
180 g de jambon de Paris
180 g de champignons de Paris

1) Éplucher et cuire à blanc les champignons,

2) détailler les champignons cuits et le jambon en brunoise,

3) abaisser la pâte et cuire à blanc le fond de pâte,

4) passer au mixer le brie fondu dans le lait chaud, pour obtenir une pâte lisse,

5) casser les oeufs dans une terrine, verser dessus le mélange lait-brie délicatement en battant, vérifier l'assaisonnement.

◆

B

Read the following extracts and answer the questions on each one in English.

1 (i) Why did the young girl lose her job?

_____

_____

Trop belle pour faire le ménage

● Tracy Blackman, vingt-trois ans, a été licenciée parce qu'elle était tellement jolie qu'elle distrayait les ouvriers de l'usine Pirelli de Bishopstoke (Angleterre) où elle travaillait depuis sept mois : « Je suis écœurée ; si je pesais 80 kilos et que j'étais pleine de boutons, j'aurais encore mon job », a dit la jeune femme, dont le passage dans les bureaux et les ateliers faisait tourner les têtes. « Je venais travailler en tee-shirt et en jean. Peut-être aurait-il fallu que je vienne avec des bigoudis sur la tête », a-t-elle ajouté.

(ii) Explain briefly the young girl's reaction to her dismissal?

_____

_____

2

Mariage de poids

Darelene Hogan, 160 kilos, et Jim Hill, 154 kilos, qui étaient entrés en clinique il y a une dizaine de mois afin de subir une cure d'amaigrissement, ont retrouvé (presque) la ligne. Ils ont en tout cas trouvé l'amour. Ils se sont mariés récemment à bord du « Queen Mary », avant de partir en voyage de noces à Hawaii.

« J'avais toujours rêvé de rencontrer quel-qu'un qui m'aimerait comme je suis et non pas comme on voudrait que je sois et non pas comme on voudrait que je sois, a déclaré Mrs Hill. Cette cure nous a rapprochés ».

(i) Why were Darlene and Jim at the clinic?

_____

_____

(ii) Why did they visit Hawaii?

_____

_____

3   Where were the sextuplets born?

_____

_____

_____

_____

SEXTUPLÉS DANS UN ÉTAT CRITIQUE

Des sextuplés, quatre filles et deux garçons, mis au monde prématurément par une Allemande de l'Ouest, sont actuellement dans un état critique. Les bébés, nés par césarienne à l'hôpital d'Aix-la-Chapelle (R.F.A.), et pesant entre 640 et 970 grammes, ont dû être placés dans des incubateurs pour faciliter leur respiration.

4

Faits et méfaits

Perte de contrôle d'un véhicule, trois blessés légers

Peu avant minuit, jeudi, une voiture s'est retournée à hauteur des rues Châteauvert et Condorcet. On attribue cet accident à une perte de contrôle du véhicule. Les trois occupants, Stéphane Revol, 20 ans, le conducteur, Naima Louni, 21 ans, et Bruno Bekkart, 23 ans, les deux passagers, ont été blessés et conduits au centre hospitalier de Valence par les pompiers.

(i) What caused the accident?

_____

_____

_____

(ii) Who brought the injured people to hospital?

_____

_____

_____

C

Read the following extract from an interview with Shannen Doherty and answer the questions.

(i) What request does Shannen Doherty make in the headline of this interview and in the last paragraph?

_____

_____

(ii) According to the extract, 'Beverly Hills' was *not* her first television appearance.
Write true or false in the box provided.

[ ]

(iii) Describe how she felt during her audition for 'Beverly Hills'.

_____

_____

(iv) What are her plans for the summer?

_____

_____

(v) Explain briefly what the famous American author Mark Twain had to say about gossip.

_____

_____

SHANNEN DOHERTY
"Ne croyez pas ce qu'on peut vous dire sur moi!"

Tu as tourné dans un grand nombre de séries télé, dont "La Petite Maison dans la prairie". Étais-tu nerveuse quand tu as passé l'audition pour "Beverly Hills"?
Oh, oui, c'était de la foile. J'étais très très nerveuse. J'ai d'abord rencontré le metteur en scène et la costumière, (tous les deux assez bizarres), et ils m'ont dit que j'allais lire un texte devant tout le monde dans un autre bâtiment. Je me demandais bien qui allait y être. Et là, je me suis retrouvée dans un bureau gigantesque, avec toute l'équipe de production, dont Aaron Spelling, le big boss ... Tous ces gens me regardaient, mais il fallait que je me concentre et que je fasse du bon boulot. Je n'ai jamais été aussi nerveuse de ma vie.

Que vas-tu faire cet été?
Je viens de finir un film, "Blindfold" ("Les Yeux Bandés") et j'en tourne un autre cet été.

As-tu un message pour tes fans?
Bien sûr. D'abord je voudrais les remercier de regarder notre série et du soutien qu'ils nous aportent. Je voudrais aussi leur dire de ne pas croire tout ce qu'ils peuvent lire sur moi. Pour paraphraser Mark Twain, je leur dirais: "La moitié de ce que vous lisez sur moi est faux, et l'autre moitié n'est que des mensonges." Retenez bien ça, merci.

Written Expression

Write a letter to a French penpal in which you describe the work you did during the summer holidays. Include the following details:

— type of work

— hours per week

— how much you earned

— what you did with your free time

— swimming

— tennis

— walks in the country.

Ask him/her to describe, in the next letter, what he/she was doing during the holidays.

Reading Comprehension

A

1   (i)   Which one of the following signs might be of interest to tourists? Write (a), (b), (c) or (d) in the box provided.

(a)   Chauffage électrique

(b)   Charbonnier

(c)   Défense de fumer

(d)   Syndicat d'Initiative

(ii) Match the following sets of signs and pictures. Indicate your answer in each case by inserting the letters which correspond to the numbers in the boxes below.

No.	Letter
1	
2	
3	
4	
5	
6	
7	
8	
9	
10	

2　Look carefully at the following advertisement and answer the questions which follow.

(i)　At whom is this advertisement aimed?

_____

_____

_____

(ii)　How and when can you avail of the service?

_____

_____

_____

L'ARGENT DE VOS VACANCES EN TOUTE LIBERTÉ

L'ARGENT DE VOS VACANCES EN TOUTE LIBERTÉ

DANS LES GUICHETS AUTOMATIQUES DU CRÉDIT AGRICOLE DE LA CHARENTE-MARITIME

24 HEURES SUR 24, RETIREZ DE L'ARGENT FRANÇAIS AVEC VOTRE CARTE, EN COMPOSANT VOTRE CODE CONFIDENTIEL.

3　Look carefully at the following advertisement and then answer the questions which follow.

(i)　What item is priced at 1990 francs?

_____

(ii)　On what day is the shop closed?

_____

(iii)　Explain the term: 'Livraison à domicile'.

_____

_____

NOUVEAU A MEAUX

Au 1er étage de FRANPRIX
sur 500 m2
ESPACE MEUBLES

Meubles - Literies - Bibelots
Cadeaux - Jouets - Décoration

ARRIVAGE DE MEUBLES EN CHÊNE
à des prix très, très intéressants
Table téléphone.................1 550 F
ex. : Meuble d'angle...................1 890 F
Canapés convertibles à partir de 1 990 F
et plein d'idées-cadeaux
à partir de 10 F seulement

17, rue des Cordeliers
77100 MEAUX - Tél. 64.34.24.30
Ouvert du lundi au samedi
de 9 h à 12 h 30 et de 14 h à 19 h 30
Livraison à domicile
Ouvert tout l'été

B

Read the following extracts and answer the questions on each one in English.

1 (i) List any three items found in the bag.

(a) _____

(b) _____

(c) _____

Un kilo de pièces dans son sac

☐ C'est lors d'un contrôle d'identité, cours de l'Arquebuse, que les forces de l'ordre ont appréhendé Christophe Alfonsin, vingt-cinq ans, sans domicile fixe. A la vue des policiers l'homme a lâché un sac suspect. A l'intérieur : des cigares, des hauts parleurs, un kilo de pièces de monnaie et des clefs de voiture. Après vérification il s'avère qu'elles proviennent d'un véhicule volé quelques jours auparavant, une Renault 21 immatriculée dans le département que l'on retrouvera à Paris. Déjà connu des services de police pour des délits identiques Alfonsin est poursuivi en justice pour vol de voiture et recel.

(ii) Where did the thief say that he had found the items?

_____

_____

La mer pour la première fois : noyé à Belle-Ile

2 (i) In what part of France did the drowning take place?

_____

_____

_____

_____

LORIENT. – Trois copains du Puix (Territoire de Belfort) vont passer un bien triste Nouvel An à Quiberon alors qu'ils y étaient venus pour faire la fête à quatre : le quatrième s'est noyé dimanche vers 10 h 45 sur la Côte Sauvage de Belle-Ile et son corps n'a pas été retrouvé.

L'un des quatre jeunes gens a sa famille à Quiberon et il avait proposé à ses amis ce voyage en Bretagne qui allait comporter une excursion à Belle-Ile. La victime de l'accident n'avait jamais vu la mer. Hier, celle-ci était grosse. Sans doute ne crut-il pas ses amis lorsqu'ils voulurent le dissuader de descendre au ras de l'eau à la pointe des Poulains à Sauzon. Eric Colin (22 ans) voulait faire des photos et il n'imaginait pas le danger que présente le ressac sur cette côte déchiquetée. Il fut emporté par une lame.

Malgré l'alerte immédiatement donnée, le corps n'a pu être retrouvé.

(ii) Describe how the young man was drowned.

_____

_____

_____

3

Chien trouvé

Valence. – Samedi un chiot de race, d'environ trois mois, a été trouvé sur l'autoroute A7, à hauteur de Pont-d'Isère. Le propriétaire est prié de se mettre en contact avec le peloton de gendarmerie autoroute de Valence. Tél 75.56.88.08.

What is the dog's owner asked to do?

_____

_____

_____

_____

4   Describe what is reported in this extract.

_____

_____

_____

_____

Un Mirage F1 s'écrase

Paris. – Un Mirage F1 de la douzième escadre de chasse de Cambrai, s'est écrasé dans un champ, mardi, à Parfondeval (Aisne) au cours d'une mission d'entraînement au combat aérien, indique la 2ᵉ région aérienne.

Le pilote a été tué, l'accident n'a causé aucun dégat et une enquête a été ouverte.

C

Read the following replies taken from a French youth magazine and answer the questions on the page opposite.

QUESTIONS / RÉPONSES

● **Julie, Paris: Sophie Marceau** est née le 17 novembre 1966 à Paris. Son vrai nom est Sophie Maupu. Elle a voulu prendre le même nom que l'avenue Marceau (à Paris) qu'elle trouve jolie. C'est en répondant à une petite annonce dans "Télé 7 Jours" qu'elle est engagée par Claude Pinoteau pour jouer dans "La Boum". Sa carrière démarre donc alors qu'elle n'a que 14 ans. Elle enchaîne très vite avec "La Boum 2", "Fort Saganne", "Joyeuses Pâques" etc., et devient rapidement une vedette du cinéma français. On peut la voir en ce moment dans "Fanfan", un film d'Alexandre Jardin, et au théâtre dans "Pygmalion".
● **Sonia, Oreuville-sur-Saône :** Jason Priestley vit dans une petite ferme située sur les collines de Los Angeles avec sa compagne, Christine Elise. Il est né le 28 août 1969 à Vancouver, Canada.
● **Chrystelle, 15 ans : Vanessa Paradis** est née le 22 décembre 1972 à Saint-Maurles-Fossés dans le Val-de-Marne. Elle mesure 1, 67 m pour 50 kg. Sa rencontre avec Lenny Kravitz lors de son troisième album, "Vanessa Paradis" ne fut que professionnelle. Elle n'a pas pour le moment de boy friend officiel.
● **Georges, Belfort:** si tu désires envoyer un texte à **Patricia Kaas**, adresse-le à BP 203, 67405 Illkirch Cedex.
● **Gérald, Tullins: Kylie Minogue** nous prépare en ce moment même un nouvel album, qui sortira sur DeConstruction, un nouveau label de la maison de disques BMG. Les rumeurs selon lesquelles elle travaillerait avec Prince sont fausses! Ne t'attends pas cependant à entendre les nouvelles chanson de Kylie avant la fin de l'année.
● **Sandra, 14 ans :** le groupe **Pow Wow** est constitué de quatre garçons. Ahmed Mouici (ténor), né le 9 juillet 1963 à Chambéry; Bertrand Pierre (médium), né le 31 décembre 1961 à Paris; Pascal Periz (médium), né le 12 janvier 1961 (lieu de naissance tenu secret!) et Alain Chennevière (basse) né le 19 février 1959 à Falaise. Les quatre garçons sont célibataires, mais Ahmed a un petit garçon prénommé Miles en hommage à Miles Davis.

(i) Why did Sophie choose to use the name Marceau?

_____

_____

(ii) When did Sophie begin her acting career?

_____

_____

(iii) Describe where Jason Priestley lives?

_____

_____

(iv) According to one of the replies Kylie Minogue will soon be working with Prince on a new album.
Write true or false in the box provided.

(v) All four members of the group Pow Wow are married.
Write true or false in the box provided.

Written Expression

You are babysitting for a neighbour when the phone rings and you have to take a message. You are going to bed so you decide to leave a note for the couple. Use the following details:

    — 11.00 p.m.

    — phone call from children's grandmother

    — she is sick

    — influenza

    — must stay in bed for five days

    — weekend visit impossible

    — perhaps another time

    — she will write later.

9

Reading Comprehension

A

1   (i) Match the following sets of signs and pictures. Indicate your answer in all cases by inserting the letters which correspond to the numbers in the boxes below.

No.	Letter
1	
2	
3	
4	
5	
6	
7	
8	
9	
10	

(ii) The following sign appeared on the window of a French restaurant. Which item refers to fish?

Write (a), (b), (c) or (d) in the box provided.

(a) Ragoût irlandais

(b) Coq au vin

(c) Harengs à l'huile

(d) Escargots

2 Look at the following advertisement and answer the questions which follow.

(i) What type of exhibition is described in this notice?

_____

_____

(ii) How can you benefit from a reduction in the entry charge?

_____

_____

3   The following advertisement was placed on the windscreen of a car in Bordeaux. Answer the following questions by writing (a), (b), (c) or (d) in the box provided.

(i)   Which one of the following is *not* included in the menu?

   (a) Seafood

   (b) Chips

   (c) Veal

   (d) Mussels

(ii)   Which one of the following statements *is* true?

   (a) The children's menu costs 36 francs.

   (b) Steak and chips cost 20 francs.

   (c) A salad costs 30 francs.

   (d) Pancakes with butter cost 10 francs.

(iii) Which one of the following statements is *not* true?

(a) The restaurant serves champagne.

(b) Take-away meals are available.

(c) You will receive a free drink if you present the coupon.

(d) Eggs are listed on the menu.

B

Read the following extracts and answer the questions on each one in English.

1

Le voleur d'essence a été arrêté

Un automobiliste s'est présenté, samedi à 11 heures, pour faire le plein à la station-service Elf de l'autoroute de l'Est. Il s'apprêtait à partir sans payer au moment où le pompiste l'a reconnu. L'homme était déjà parti sans régler sa note quinze jours plus tôt. Le pompiste l'a retenu jusqu'à l'arrivée de la patrouille de la police de Lagny. Au cours de sa garde à vue, cet habitué de la grivèlerie d'essence, un jeune homme de vingt-trois ans habitant à Noisy-le-Sec (Seine-Saint-Denis), a reconnu un autre plein gratuit, vendredi, à la station Esso d'Emerainville. Remis en liberté, il devra se présenter devant le tribunal de Meaux en août.

(i) What was the young motorist about to do when he was recognised?

_____

_____

(ii) Was this his first offence? Why?

_____

_____

2 (i) When did these attacks take place?

_____

_____

_____

_____

(ii) What was stolen from the couple in the parked car?

_____

_____

_____

_____

● **Essonne : agressions non-stop**

Quatre malfaiteurs ont agressé plusieurs personnes dans des pavillons, ainsi que des automobilistes et des chauffeurs de poids lourds, le long de la RN 20, entre Etambes et Marcoussis (Essonne), au cours de la nuit de jeudi à vendredi.

Les quatre gangsters, dont l'un au moins armé d'un fusil à canon scié, circulant à bord d'une Renault 25, se sont d'abord attaqués aux occupants d'une maison de Roinville-sous-Dourdan et ont emporté une petite somme d'argent avant de s'enfuir. Ensuite, ils ont agressé deux jeunes gens dans une voiture en stationnement. Cassant le pare-brise de la voiture, ils se sont emparés des portefeuilles de leurs victimes et de l'autoradio. Ils se sont alors rendus dans la propriété de Mme Bernard, à Marcoussis, et ont emporté de l'argent et des bijoux représentant un préjudice évalué à plusieurs milliers de francs.

3 What is happening on Saturday evening?

_____

_____

_____

_____

Samedi à Mirmande
En voiture la mode !

Nicole Houdard, celle qui a des robes de tous les pays, a eu l'idée chic d'organiser avec le Syndicat d'initiative de Mirmande une présentation de mode et de voitures anciennes. Cela se produira samedi 19 juillet à 17 heures et se terminera par un charmant défilé dans les rues du village. A cette occasion, pendant le week-end, exposition d'antiquités, meubles et bijoux. Un endroit où il faut être vu.

4 (i) How did the accident happen?

_____

_____

_____

(ii) What had the firemen to do?

_____

_____

_____

Voiture Contre platane
Un blessé

Aubenas. - **Un accident s'est produit hier matin peu après deux heures sur la RN 104 à Pont d'Ucel, quartier du Poisson. Pour une raison indéterminée et alors qu'il circulait dans le sens Saint-Privat-Aubenas, un automobiliste M. Gilles Fombom, 21 ans demeurant 12, rue de Constantineà Aubenas, a perdu le contrôle de sa voiture en pleine ligne droite : le véhicule a traversé la chaussée et percuté violemment un platane. Les sapeurs-pompiers d'Aubenas ont dû employer leur matériel de dés-incarcération pour extraire le conducteur blessé : il a été transporté au centre hospitalier d'Aubenas par l'ambulance du centre de secours principal, après avoir reçu les premiers soins de l'équipe médicale du SMUR. Les services de police du commissariat d'Aubenas se sont rendus sur les lieux.**

C

Read the following extract from an interview with Jason Priestley and answer the questions.

JASON PRIESTLEY

"La réalisation est une expérience gratifiante!"

Tu aimes jouer au hockey sur glace, n'est-ce pas un peu dangereux?

Si! Un week-end, je me suis blessé à la lèvre en recevant un palet dans la bouche. J'avais trois points de suture, du sang séché, et la lèvre enflée en reprenant le tournage le lundi matin. Ça faisait mauvais genre. Heureusement ce genre d'accident n'arrive pas souvent.

Tu aimes aussi la course automobile ...

Oui, et j'aimerais m'y intéresser de plus près, mais bon, il vaut mieux que je reste tranquille. C'est beaucoup trop dangereux.

Durant ces dernières se-maines, tu as réalisé un épisode de "Beverly Hills", un clip pour une des chansons de la b.o. de la série, et une émission spéciale, sans compter ton travail d'acteur. Ça fait beaucoup. La réalisation est-elle un domaine dans lequel tu as envie de te diriger sérieusement à l'avenir?

Ça m'a attiré, dès que j'ai commencé dans cette profession. Chaque fois que je lis un script, j'imagine comment les scènes pourraient être tour-nées.
L'intérêt d'être réalisateur, par rapport au métier d'acteur, c'est qu'on a vraiment la possibilité de développer sa vision des choses. C'est une expérience très gratifiante.

Par ailleurs, tu as un film qui sort bientôt sur les écrans, et tu en tournes un autre cet été.

Oui, le premier film s'appelle "Calendar Girl", et sort au mois d'août. C'est l'histoire de trois jeunes Américains, en 1962, qui prennent le chemin d'Hollywood à la recherche de la plus belle pin-up de toute l'histoire des États-Unis : Marilyn Monroe ... C'est un film drôle, émouvant. En revanche, je ne peux pas te parler du second film parce que tous les détails ne sont pas encore réglés.

(i)   What injury did Jason Priestley receive during the hockey match?

_____

_____

(ii) According to the extract Jason Priestley does not like motor racing.

Write true or false in the box provided.

```
┌──────────────┐
│              │
└──────────────┘
```

(iii) Why is Jason Priestley interested in becoming a film director?

_____

_____

(iv) What is the theme of his first film?

_____

_____

(v)   Why can he not talk about his second film?

_____

_____

Written Expression

You have just received a letter from a French boy/girl who would like to be your penfriend. Reply to him/her and include the following details:

—   you would be happy to be his/her penfriend

—   talk a little about yourself, age, height, interests, favourite music.

Ask him/her some questions also, based on the following:

physical description   *family*   *school*

subjects   *hobbies*

10

Reading Comprehension

A

1 (i) Match the following sets of signs and pictures. Indicate your answer in all cases by inserting the letters which correspond to the numbers in the boxes below.

No.	Letter
1	
2	
3	
4	
5	
6	
7	
8	
9	
10	

(ii) Which of the following signs would you expect to find on a building site in France?
Write (a), (b), (c) or (d) in the box provided.

(a) Vente sur place

(b) Visites au Musée

(c) Salle d'attente

(d) Pain de campagne

2 The following advertisement was placed on the windscreen of a car in Paris. Answer the questions which follow.

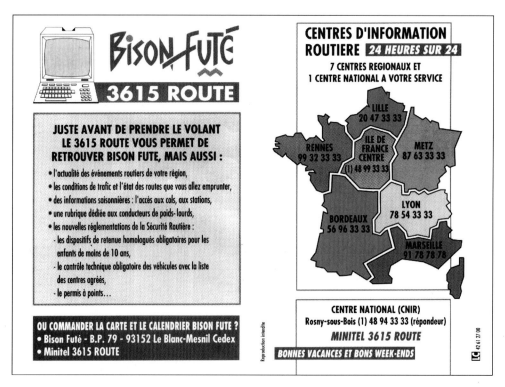

(i) What service is being advertised in this notice?

(ii) Mention any three information items that are listed.

(a) _____

(b) _____

(c) _____

3   The following information is given in
    a brochure for a French zoo.
    In each case write (a), (b), (c) or (d)
    in the box provided.

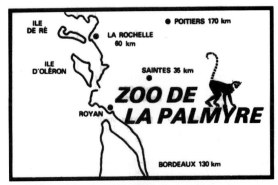

(i) Which of the following foods is *not*
    listed in the details?

    (a) Meat
    (b) Fish
    (c) Vegetables
    (d) Cheese

OUVERT TOUTE L'ANNÉE

(ii) Which of the following statements *is*
     true?

    (a) The zoo is only open in summer.
    (b) The statistics refer to the
        amount of food consumed each
        year.
    (c) 20 tonnes of apples are
        consumed.
    (d) 40,000 litres of milk
        are used each month.

CONSUMMATION ANNEULLE DES ANIMAUX	
80 tonnes de viande	80 tonnes de pommes
95 tonnes de légumes	25 tonnes de bananes
300 tonnes de lourrage	8 tonnes d'oranges
50 tonnes de poisson	5 tonnes de riz
8 tonnes de pain	4 000 litres de lait
20 tonnes de pommes	4 tonnes de biscottes
de terre	35 tonnes de grain

(iii) Which of the following statements is
      not true?

    (a) 80 tonnes of meat are consumed.
    (b) 18 tonnes of oranges are consumed.
    (c) 5 tonnes of rice are consumed.
    (d) 35 tonnes of grain are consumed.

B

Read the following extracts and answer the questions on each one in English.

1

MILLIARDAIRE AU LOTO, Sandrine Grognet, 18 ans et demie, ne retournera pas aujourd'hui au lycée agricole de Louviers. **« Juste le temps de respirer »,** explique son père, car Sandrine n'a pas l'intention de se laisser tourner la tête par le chèque de 10 583 640 F que lui a remis hier à Paris le président du loto dans un salon de l'hôtel Georges-V.

Cheveux châtains bouclés, souriante, Sandrine est – on l'imagine – très émue. C'est sa grand-mère qui raconte. **« Elle faisait la vaisselle samedi soir dans la cuisine pendant que son père notait les numéros gagnants devant la télévision. »** Le père, Maurice Grognet, 42 ans, a vérifié plusieurs fois les numéros et puis Sandrine a téléphoné à sa mère, aide-soignante, de veille ce soir-là, à l'hôpital de Louviers.

Sandrine joue toutes les semaines depuis la création du loto. C'est elle qui choisit les chiffres ; ses parents paient la grille à 7 F. Autant dire que l'argent sera familial. D'autant plus que M. Grognet est sans travail depuis le 1er janvier : licencié avec trente autres personnes parties en départs volontaires, dans l'usine où il était soudeur.

Sandrine est pensionnaire au lycée agricole ; elle fait du repassage pour gagner son argent de poche. Elle a un frère de 22 ans, chômeur, et une sœur de 28 ans. Elle rêve d'une ferme avec des moutons et de voyages.

(i) What was Sandrine Grognet doing when she discovered that she had won the Lotto?

_____

_____

(ii) How did Sandrine Grognet earn her pocket money?

_____

_____

2   Why did the car hit the child?

_____

_____

_____

_____

JAMBE FRACTURÉE POUR VOIR PARIS-DAKAR. — Alors qu'il assistait avec ses parents, dimanche à Cergy-Pontoise, au prologue de la course Paris-Dakar, un enfant de 10 ans a été fauché par la Visa-Citroën de Thérier et Vial qui effectuait un dérapage dans la boue au bas d'une courbe. La jambe fracturée, il a été hospitalisé.

3

ROUTES

Prudence !

Attention sur les routes ! Bison futé annonce 5 millions d'automobilistes et des bouchons de mercredi à dimanche

Entre les départs en vacances et le pont du 14 Juillet, 5 millions d'automobilistes sont attendus sur les routes de l'Hexagone jusqu'à dimanche, a annoncé hier Bison futé.

Les principales difficultés sont annoncées mercredi et samedi. La journée de mercredi est classée orange dans l'ensemble du pays et les grands axes en direction du Sud, de l'Ouest et du Sud-Ouest connaîtront une affluence importante dès le début de la matinée. Bison futé conseille aux automobilistes d'attendre l'après-midi pour prendre le volant.

Principal point noir du week-end, la journée de samedi, classée rouge en province, devrait concentrer 30 % des bouchons dès 6 heures du matin. Pour éviter les bouchons, Bison futé conseille aux vacanciers d'éviter de prendre le volant en cette journée de samedi ou, s'ils ne peuvent faire autrement, d'attendre l'après-midi pour prendre la route.

(i)   On what days will the traffic be at its worst?

_____

_____

(ii)   What are motorists advised to do?

_____

_____

4

LABEAUME
Un avion sort de piste :
Le pilote est indemne

Aubenas. — Jeudi à 16 h 05 au lieudit Peyroche, sur l'aérodrome de Ruoms, commune de Labeaume, un avion Robin DR 400 propriété de l'aéroclub de Mende (Lozère), piloté par M. Bruno Thérond, 37 ans, demeurant à Mende a effectué un atterrissage un peu trop long et a terminé sa course 17 m après la fin de piste. Le pilote est indemne, mais l'appareil a subi des dégâts légers. Les gendarmes de la brigade de Ruoms procèdent à l'enquête.

(i) Why did the plane crash?

_____

_____

(ii) Was the pilot injured?

_____

_____

_____

C

Read the following gossip column and answer the questions on the opposite page.

Sortie du film sur la vie (extraordinaire) de Tina Turner en septembre. "What's Love Got To Do With It" sera également un album comprenant des vieux succès et trois inédits dont "I Don't Wanna Fight".

Un maniaque menace la femme de Schwarzy! Il a même essayé de s'introduire chez les Terminator à plusieurs reprises. Après avoir acheté une voiture blindée, Arnold a fait appel à d'anciens militaires israéliens pour surveiller sa propriété de L.A.

La délicieuse Winona Ryder en chanteuse des années 30 et l'oscarisé Al Pacino en truand amoureux d'elle dans "The Ruth Etting Story". Elle n'arrête pas de tourner! Mais qu'en pense son fiancé, un certain Johnny?

George Michael ne jouera pas dans "Hair" la comédie musicale hippie, à cause de la célèbre scène où tous les acteurs sont nus! Pudique le garçon!

Pour passer inaperçu, monsieur Bono, chanteur de U2, circule à bord d'une Ford Escort de 75. Nous vous communiquerons bientôt le numéro de la plaque d'immatriculation…

Axl Rose est resté planqué dans sa chambre d'hôtel à Jerusalem pendant que les autres Gunners se baladaient en ville. Il semble avoir flippé suite à des menaces de mort.

(i) List two steps taken by Arnold Swarzenegger to protect his family?

(a) _____

(b) _____

(ii) Why has George Michael refused to star in the musical 'Hair'?

_____

_____

(iii) What promise does the columnist make about Bono's car?

_____

_____

(iv) Why did Axl Rose decide to remain in his hotel room?

_____

_____

Written Expression

You have won a two week holiday at a campsite in Biarritz. Write a postcard to your parents in Ireland, telling them all the news. Use the following pieces of information:

— you arrived safely after a very long journey by car

— the weather is magnificent – sunshine all day long

— the beaches are crowded with tourists

— the shops and restaurants are very expensive

— tomorrow you intend visiting Spain with some friends that you met at the campsite

— you also hope to go on a bus trip to Lourdes.

Reading Comprehension

A

1   (i) Match the following sets of signs and
pictures. Indicate your answer in all
cases by inserting the letters which
correspond to the numbers in the
boxes below.

No.	Letter
1	
2	
3	
4	
5	
6	
7	
8	
9	
10	

(ii) Which one of the following shops sells jewellery?
Write (a), (b), (c) or (d) in the box provided.

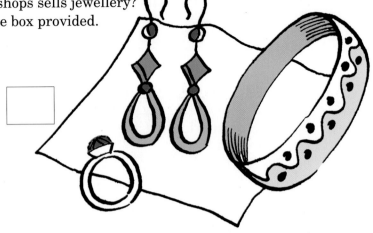

(a) Charcuterie

(b) Epicerie

(c) Bijouterie

(d) Mercerie

2 The following advertisement was seen in a French supermarket.

Y'a une surprise pour les enfants!

Une glace gratuite!

Ça, c'est le cadeau du
chef MAXICOOP : si tu
as moins de 10 ans et
que tes parents
t'accompagnent, il
t'offre une glace gratuite
au parfum de ton choix,
tous les après-midis de
14 h 00 à 17 h 00
jusqu'au 31 août 1988.
Génial non ?

HDM SUD RC 86B163

(i) To whom does the free
ice cream offer apply?

_____

_____

_____

_____

_____

(ii) When does the free offer end?

_____

_____

_____

_____

3 Look carefully at the following advertisements and answer the questions.

AUBERGE DE LA TERRASSE
LOGIS DE FRANCE
Hôtel-Restaurant situé sur les berges du Loing
40, rue de la Pêcherie
77250 MORET-SUR-LOING   ☎ 16 (1) 60.70.51.03   F13

Hostellerie du Cheval Noir ★★
47, avenue Jean-Jaurès   77250 MORET-SUR-LOING
Déjeuner sur l'herbe et promenade en calèche
Lauréat 1988 de la cuisine régionale
Tél. : 60.70.50.20 - Télex : 691.159   F13

Auberge du Lion d'Or
HÔTEL - RESTAURANT
Week-end - Repas d'affaires   Route du Champagne
77730 NANTEUIL-SUR-MARNE   En Bord de Marne
Tél. : 60.23.62.21
Fermeture le mercredi et dimanche soir   J4

LE GRILPIZ
Pizzeria-Grill
— 500 mètres Péage Nemours
— Salle privée pour groupes (50 personnes)
— Restauration traditionnelle
— Ouvert 7 jours/7
77140 NEMOURS - 3, place des Moines **Tél. : 64.29.22.64**   E14

LE PETIT BATEAU
Restaurant ★★
Poissons et Coquillages
16, rue Gaston-Darley   77140 NEMOURS
Fermé le Dimanche et le Lundi ☎ **64.28.57.96**   E14

(i)   Which restaurant offers business meals?

_____

_____

(ii) Which restaurant is open every day of the week?

_____

_____

(iii) Which restaurant specialises in shellfish dishes?

_____

_____

Read the following extracts and answer the questions on each one in English.

1

Une actrice avec mention « très bien » !...

SOPHIE MARCEAU

EN un seul film, une petite adolescente est devenue une star ! Oui, depuis « La Boum », Sophie Marceau est une de nos plus grandes vedettes de cinéma. Mais si sa carrière d'actrice est une extraordinaire réussite, il n'en a pas été de même avec ses études. « La

'La Boum' lui a coûté son bac !

Boum » lui a coûté son bac ! Quand la jeune Sophie a voulu reprendre le chemin du lycée après le tournage de ce premier film, le cœur n'y était plus.

« C'était devenu impossible, raconte-t-elle. Le monde du cinéma est trop éloigné des bancs de l'école. »

Alors évidemment, le bac : à cause de « La Boum » badaboum !

(i) What was the name of Sophie Marceau's first film?

_____

_____

_____

_____

(ii) Why is it true to say that she paid dearly for her success?

_____

_____

_____

_____

2

Un enfant saute du 2ᵉ étage pour fuir l'incendie : blessé

Cinq personnes ont été intoxiquées et un enfant sérieusement blessé au cours d'un incendie qui a détruit samedi après-midi un café-hôtel d'Ivry (Val-de-Marne).

L'incendie s'est déclaré peu avant seize heures au deuxième étage d'un café-hôtel, 4, avenue de la République, à Ivry, et s'est rapidement commumniqué aux autres niveaux.

Pris de panique, un enfant de sept ans et demi s'est grièvement blessé à la tête et aux jambes en sautant du deuxième étage, où il demeurait avec ses parents. Le petit Louis Benson a été transporté par le Samu dans un état sérieux à l'hôpital Henri-Mondor de Créteil.

Cinq personnes plus ou moins sérieusement intoxiquées par la fumée ont été elles aussi hospitalisées dans le même établissement.

(i) When did the fire start?

_____

_____

_____

_____

(ii) Describe the boy's injuries.

_____

_____

3

INSOLITE

Le festival le plus haut de France

VINGT minutes de marche à pied... A 1 450 mètres d'altitude, dans le splendide cirque de Gavarnie, entre Tarbes et Lourdes, est présentée chaque soir « la Création », dixième spectacle du festival le plus haut de France. Inspirés par les plus grands textes (Platon, Vinci, Pessoa...), sur des musiques de Bach à Stravinski, cinquante comédiens, danseurs et acrobates illustrent dans des éclairages et effets très spéciaux les grandes étapes de l'histoire de l'humanité.

L'accueil à l'office du tourisme Gavarnie-Gèdre commence à 18 h 30. La montée à pied se passe en musique avec le groupe aragonais Biella Nuey. Le spectacle commence à 21 heures et dure environ deux heures, suivi d'une descente aux flambeaux.

▶ *Jusqu'à demain. Renseignements : (16) 62.92.49.10, (16) 62.92.48.05.*

(i) What particular claim to fame has this festival?

_____

_____

(ii) At what time does the performance end?

_____

_____

4   Describe what happened to the man.

_____

_____

_____

_____

Tué par l'arbre qu'il abattait

Samedi, vers 15 h, alors qu'il tronçonnait un chêne près de sa résidence secondaire de Ker-Narvern, à Spezet, M. Jean Hénaff, 50 ans, inspecteur des impôts, demeurant 31, rue Ty-Roux, à Quimper, a été tué sur le coup par l'arbre qu'il était en train d'abattre.

C

Read the following interview and answer the questions.

LA PETITE HOLLANDAISE À LA VOIX "SOUL" NOUS OUVRE SES PORTES AVEC SIMPLICITÉ...

OPHÉLIE WINTER
"MA VIE EST UN RÊVE !"

Elle a tout juste 19 ans. Elle est super jolie. Elle a une voix extraordinaire. Elle est drôle, joyeuse et croque la vie à pleines dents. Pour couronner le tout son papa était chanteur et son premier 45 T, "When I Got the Mood", l'entraîne sur la vague du succès. Bref, Ophélie Winter a tout, tout, tout pour se faire une place dans la musique. C'est tout ce qu'on lui souhaite...

D'où viens tu Ophélie ? Raconte-nous ton parcours.
Je suis née le 9 février 1974 à Paris. J'ai vécu en Hollande jusqu'à la séparation de mes parents parce que mon père David Alexandre Winter est hollandais. Puis nous sommes revenues habiter en France avec ma mère qui elle, est normande. À partir de ce moment je suis allée à l'école comme toutes les petites filles et à 6 ans j'ai eu ma première expérience musicale. J'ai sorti un petit disque, un duo qui s'appelait "Bob et Ophélie". C'était une chanson pour les enfants

mais ça m'a quand même permis de faire le Zénith et d'autres scènes.
Comment se retrouve-t-on à 6 ans sur une scène ? Ce n'est pas banal, non ?
Je dois avouer que c'était un peu par piston. Un soir, un ami de mon père (qui était chanteur) est venu dîner à la maison. Il cherchait une petite fille pour un duo et quand il m'a vue, il m'a proposé d'essayer. C'est comme ça que je me suis retrouvée en studio puis sur une scène.
Quelques années plus tard te voilà en couverture des magazines. Encore une autre aventure...

Oui. J'ai été mannequin pendant deux ans. J'ai découvert ce métier tout simplement... parce que je sortais avec un mannequin ! J'avais alors 17 ans . Un soir nous étions invités à dîner par son agence. Ses patrons m'ont alors rencontrée et m'ont demandé si je voulais faire des photos. J'ai répondu "pourquoi pas ?". À l'époque j'avais tellement pas envie de rester à l'école que c'était une bonne occasion pour échapper à ça.
Et puis maman avait été mannequin alors j'avais envie de faire un peu comme elle.
Étais-tu beaucoup sollicitée ?

Pas tellement en France, parce que je ne correspondais pas trop au marché (qui cherchait plutôt des grandes filles !!!). Alors je suis allée ailleurs. J'ai habité quatre mois à Vienne, six en Espagne, voyagé un peu dans toute l'Europe. J'ai beaucoup posé pour les magazines espagnols. J'ai même eu des photos dans l'édition espagnole de "Vogue". À Vienne, je faisais plutôt de la pub télé. Cette période passée à voyager à travers le monde m'a appris à me débrouiller seule et m'a rendue plus mature. Aujourd'hui je me sens vieille. C'est comme si j'avais 25 ans au lieu de 19.

(i)   When did Ophélie Winter move to France?

_____

_____

(ii) Who invited Ophélie to sing on stage?

_____

_____

(iii) Explain how she happened to become a model.

_____

_____

(iv) Her career as a model in France was not very successful. Why?

_____

_____

(v) In what two ways did she benefit from travelling around the world?

(a) _____

(b) _____

Written Expression

You have just won the National Lottery (la Loterie Nationale). Write a letter to your French penpal telling him/her the good news. Say what you are going to do with the money:

— buy a motorbike

— go abroad on holidays

— give presents to your family and friends

— put some money in the bank

— say that you have sent him/her a small present.

Reading Comprehension

A

1 (i) Match the following sets of signs and pictures. Indicate your answer in all cases by inserting the letters which correspond to the numbers in the boxes below.

No.	Letter
1	
2	
3	
4	
5	
6	
7	
8	
9	
10	

1 | A
2 | B CONSIGNE AUTOMATIQUE
3 PONT À PÉAGE | C
4 PRIX RÉDUIT | D ROND-POINT
5 PLONGÉE SOUS-MARINE | E 8f
6 | F LAVAGE VOITURES
7 | G 40f 30f
8 DÉPLIANT GRATUIT | H
9 LOCATION DE VÉLOS | I DOUCHE
10 GLACES 8f | J

◆

(ii) Which of the following signs would you expect to find at a French holiday resort? Write (a), (b), (c) or (d) in the box provided.

(a) Interdit aux enfants

(b) Plage abritée

(c) Chariots

(d) Atelier de réparations

2 This advertisement appeared in a French fashion magazine.

"Marine"

INSTITUT DE BEAUTÉ

27, Rue de La Granderie

17750 ÉTAULES - Tél. 46.36.49.49

SOINS DU VISAGE ET DU CORPS

Ouvert de 9 h. à 12 h. et de 14 h. à 19 h. du Lundi au Samedi midi - R. C. en Cours

(i) What service is being offered?

(ii) On what day is the institute closed?

3 Read the advertisement and answer the questions which follow.

(i) What must you do to avail of this offer?

_____

_____

(ii) How many times can this coupon be used?

_____

(iii) Explain briefly what the last paragraph of the advertisement refers to.

_____

_____

B

Read the following extracts and answer the questions on each one in English.

1 According to the article on left,

(a) Less people have died in Yugoslavia than during the Vietnam war.

(b) No war crimes have been committed in Yugoslavia.

(c) More than twice the number of people have been killed in Yugoslavia than in Vietnam.

(d) The Vietnam war ended in 1991.

2 (i) What type of survey was conducted by the *Los Angeles Times* newspaper?

_____

_____

(ii) Mention any one of its findings.

_____

_____

_____

Punition

Los Angeles. — Selon un sondage réalisé par le « Los Angeles Times », les Américains ne sont pas très indulgents envers les victimes du Sida. La moitié des 2 405 personnes ayant répondu au questionnaire étaient favorables à la mise en quarantaine des victimes du Sida. Près d'un quart des personnes interrogées ont estimé que le Sida était « une punition que Dieu donnait aux homosexuels pour les punir de mener la vie qu'ils mènent ».

3

Berne. — Le corps du guide de montagne Johannes Naegeli est resté enfoui pendant 72 ans dans le glacier de l'Oberaar, dans le massif du Grimsel, avant d'être redescendu dans la vallée jeudi dernier par les secours suisses.

C'est après avoir quitté la cabane Oberaar du Club alpin suisse — en 1914 — que l'homme avait été porté disparu, probablement victime d'une chute dans une crevasse.

What was the probable cause of the man's death?

_____

_____

_____

4 (i) Who was on the bus?

_____

_____

_____

(ii) What was the occupation of the man who died?

_____

_____

_____

C

Read the following passage and answer the questions in English.

VACANCES EN FORME : LE JOGGING

Tôt le matin ou une fois la chaleur tombée, le long du rivage, ou en forêt, le jogging est un sport simple, facile à pratiquer.

Muscles sollicités : les cuisses, les fessiers, le ventre. Très bon pour le souffle.

Préparation : ne courez pas à « froid », mais après quelques étirements. Evitez les excès alimentaires. Avant l'effort, prenez des céréales complètes pour les sucres lents. Buvez beaucoup d'eau : sucrée avant le départ, salée après, pour rétablir l'équilibre physiologique en cas de sudation importante.

Avantages : oxygénation des poumons. Bénéfique aussi pour les personnes sujettes aux petits claquages veineux : chaque enjambée fait travailler le système veineux de la jambe et renvoie avec force le sang vers le cœur. Favorise également le transit intestinal souvent paresseux.

Interdits : si vous souffrez du dos (à chaque foulée le bas du corps « encaisse » plus ou moins bien quatre fois le poids du corps), des genoux, de problèmes cardiaques ou respiratoires. Ne courez pas en plein soleil. Méfiez-vous d'un entraînement trop intensif ou irrégulier.

Bonne tenue : maillot de corps et short pas trop serré à la taille, chaussettes en coton et chaussures adaptées, suffisamment souples et stables pour amortir les pressions, avec une pointure en plus, le pied ayant tendance à s'allonger et à gonfler. Des chaussures à contrefort, voûte plantaire préformée, talon surélevé, semelles crantées avec caoutchouc amortisseur seraient l'idéal.

Conseils : les distances parcourues doivent être progressives et les revêtements de terrain variés (le macadam est mauvais pour les pieds). Dès les premiers signes d'essoufflement, alternez course et marche. Pour éviter les courbatures, appliquez, avant et après le sport, une crème ou une huile spécifique (*Caritène, huile Catherine Moreau*).

A.K.

(i) What are the best times to go jogging?

_____

(ii) What should you drink before starting to jog?

_____

_____

(iii) Advantages to be gained from jogging are mentioned in the extract. Name any two.

(a) _____

(b) _____

(iv) Why is it important to wear proper footwear while jogging?

_____

_____

(v) Name any two pieces of advice given in the last paragraph.

(a) _____

(b) _____

Written Expression

You are at home alone when the phone rings. You take the following notes. As you have to go out, leave a note for your parents based on the following details:

— 7.30 p.m.
— phone call
— Aunt Mary
— invitation to dine out
— surprise anniversary present for parents
— reservations
— tomorrow
— 'Chez Marcel' at 9.00 p.m.
— please ring to confirm date.

13

Reading Comprehension

A

1   (i)   In a large French railway station you are likely to meet some or all of the signs below. Can you match the numbered signs to the lettered explanations in French?

No.	Letter
1	
2	
3	
4	
5	
6	
7	
8	
9	
10	

A   Non-fumeurs
B   Eau potable
C   Chariot porte-bagages
D   Téléphone public
E   Consigne automatique
F   Bureau de poste
G   Bureau des objets trouvés
H   Salle d'attente
I   Facilités pour handicapés
J   Bar-cafétéria

(ii)   Which one of the following signs would you expect to see on the door of a bank in France.

Write (a), (b), (c) or (d) in the box provided.

(a)   Auberge de jeunesse

(b)   Bagages

(c)   Non-fumeurs

(d)   Bureau de Change

2   Read the following notice and answer the questions.

TAXI toutes distances

REMORQUAGE tout terrain
24 H sur 24 H

STATION
SERVICE
GLOREX
Ouvert toute l'année
LOCATION Vélos

Patrice BUSIER

Avenue de Royan
17570 LA PALMYRE
Tél. 46.22.50.01

Butagaz - Primagaz - ELF - Antargaz

Siret 321 142 465 00012

(i)   Name any two services being offered.

_____

_____

(ii)   How do you know that the station is open at night?

_____

_____

3   Look at the campsite advertisements opposite and answer the following
     questions.

(i)   Which campsite offers constant hot water to its clients?

_____

_____

(ii)   Which campsite is nearer to Paris?

_____

LE CHENE GRIS

FAREMOUTIERS - POMMEUSE
SEINE-ET-MARNE - FRANCE

Au Cœur de la Brie
à proximité d'Euro-Disneyland
Centre ville de Faremoutiers à 1 km.
Proche de tous commerces
CAMPING - CARAVANING

Mobil-home d'habitations légères de loisirs
Gardiennage assuré toute l'année - Parcelles aménagées délimitées
Sanitaires - eau chaude permanente - Charme, calme et pittoresque
A 60 km de Paris - Autoroute A4 - Sortie : Crécy-la-Chapelle.
SNCF gare de Faremoutiers-Pommeuse, accès direct par la gare de l'Est

24, place de la Gare de Farmoutiers-Pommeuse
77515 POMMEUSE - Tél. : 64 04 21 80

LES ETANGS FLEURIS

RÉCEPTION - MINI-GOLF - PÈCHE À LA TRUITE
DÉTENTE - LOISIRS

Caravaning de week-end et de passage. Situé au coeur de la Brie
à 50 km de Paris et 15 mm du centre EURO DISNEY

Salle de Réceptions et Restauration pour MARIAGES, BANQUETS,
CLUBS et toutes Associations,Comités d'entreprise.
De 30 à 180 personnes dans un cadre de verdure en bord d'étang.

VASTE PARKING

Pêche à la Truite à la journée, 1/2 journée.
Possibilité de PIQUE-NIQUE.
Groupes, nous consulter.

Route de la Couture - 77131 Touquin - Tél. : (1) 64 04 16 36

(iii) Which campsite advertisement mentions a rail link?

_____

_____

(iv) In which campsite is there a pond?

_____

_____

B

Read the following extracts and answer the questions on each one in English.

1   (i)   What type of premises was robbed?

_____

_____

   (ii)   'This was the first robbery at the premises.'
          Write true or false in the box provided.

          [ ]

   (iii) 'Both robbers were masked.'
          Write true or false in the box provided.

          [ ]

Rochefort : la Caisse d'épargne braquée

« Fermée pour cause de hold-up ». L'écriteau affiché hier matin sur la porte vitrée de l'agence de la Caisse d'épargne installée au 56 de la rue Gambetta avertissait sans équivoque les clients de la banque... Une agence qui n'en est pas à sa première expérience : c'est la deuxième fois en quelques années qu'elle est victime d'un hold-up. Les deux cambrioleurs avaient choisi l'heure de l'ouverture — 8 h 55 — pour braquer l'agence, un moment où la rue Gambetta est encore calme. Les deux hommes, armés, sans cagoules ni masques, sont entrés l'un après l'autre dans la banque, ont réclamé l'argent et sont repartis aussitôt en emportant une somme de 114 000 francs.

2   What has Jean-Claude Pinier decided to
    do and why?

_____

_____

_____

_____

GRÈVE DE LA FAIM D'UN CHÔMEUR

Un chômeur de vingt-six ans, père de cinq enfants, vient d'entamer une grève de la faim pour trouver du travail. Licencié d'une entreprise de gardiennage de Cholet (Maine-et-Loire), depuis dix-huit mois, Jean-Claude Pinier n'en est pas à sa première tentative. Mais il est décidé à « aller jusqu'au bout » pour retrouver un emploi d'agent de surveillance ou de chauffeur routier.

3

Triste mundial pour deux touristes allemands

Valence. — Bien malchanceux les deux touristes allemands en transit à Soyons, le soir de la finale du Mundial. Alors qu'ils voyaient sur un écran de T.V. l'équipe de la R.F.A. subir la loi des Argentins, deux malfrats en profitaient pour fracturer la porte de leur véhicule stationné en bordure de la R.N. 86.

Un vol des plus ennuyeux puisque les roulottiers s'emparaient de leurs bagages. Des témoins ont pu cependant apercevoir les deux individus prendre la fuite à bord d'un véhicule de marque Renault 18 break immatriculé dans la Drôme. Toute personne susceptible d'avoir assisté au casse de la voiture et disposant de plus amples renseignements, est priée d'en aviser la gendarmerie de Saint-Péray, chargée de l'enquête. <u>Discrétion assurée.</u> Les faits se sont produits dimanche soir vers 22 h.

(i)   What were the German tourists doing while their car was being robbed?

_____

_____

(ii)   What are witnesses to the robbery asked to do?

_____

_____

4

Il marche

Il s'appelle Vanopphem et il est fleuriste ambulant. Et, surtout, il a une passion pour les animaux. Alors, pour les aider, il a entrepris un voyage à pied de Bruxelles à Paris et retour. Ce protecteur belge des chiens et des chats parcourt des routes, un panier posé sur la tête, afin de vendre, au profit d'une association animalière, des bouquets de fleurs en soie et des auto-collants. Comme il ne sait ni lire ni écrire, il se dirige en regardant si les panneaux routiers correspondent à la liste qui lui a été remise lors de son départ de Belgique.   C.O.

(i)   What has this man decided to do and why?

_____

_____

_____

(ii)   What two items does he intend selling?

_____

_____

C

Read the following passage and answer the questions in English.

Séisme : 350 morts en Inde et au Népal

Plus de 350 morts et de 1 500 blessés, des milliers de maisons détruites, tel est le bilan encore provisoire d'un séisme suivi de glissements de terrain qui a ravagé dimanche une région montagneuse à la frontière de l'Inde et du Népal. Il s'agit du plus grave tremblement de terre qui ait frappé cette région himalayenne depuis 1950. Le séisme, d'une magnitude de 6,5 sur l'échelle de Richter, s'est produit à 4 h 40 dans l'est de l'Etat indien du Bihar, faisant 100 morts. Au Népal, la radio d'Etat a rapporté qu'au moins 252 personnes avaient été tuées dans le tremblement de terre qui a dévasté les régions centrales et orientales de ce royaume.

Mais selon des responsables des deux pays, le bilan pourrait être beaucoup plus lourd, certaines régions isolées n'ayant pu encore être contactées. Pour l'instant, le bilan n'a été établi que pour les zones urbaines.

Des secousses telluriques ont été également ressenties dans le nord du Bangladesh et dans la capitale Dacca, mais on ne signalait pour l'instant ni victime ni dégâts.

Les secours étaient gênés dans leurs efforts par les inondations dans certaines régions du Bihar. Peu après le séisme, la rivière Bhootahi Balan, gonflée par les pluies de mousson, est sortie de son lit et a inondé une cinquantaine de villages dans le district de Madhubani, le plus touché en Inde. Compte tenu de la montée rapide des eaux, l'armée a été placée en état d'alerte.

Peu de temps avant le lever du jour, ont raconté des témoins, vitres et portes se sont mises à trembler, les immeubles se sont craquelés et les habitants se sont rués au dehors en hurlant, tandis que les objets tombaient des étagères et les tables se renversaient.

Un millier de personnes ont été blessées dans les glissements de terrain et les effondrements de maisons dus au séisme au Bihar et dans les Etats voisins d'Uttar Pradesh, Bengale oriental et Orissa, tous très peuplés. Au Népal, 500 personnes ont été blessées et des milliers de maisons détruites. « La plupart ont été enterrés vivants sous les débris de leur maison », a déclaré un sauveteur opérant à Dharan Bazar, une localité de 100 000 habitants, à 30 km de la frontière indienne.

Les deux pays ont dépêché d'urgence sur place des équipes médicales et ont lancé des appels aux donneurs de sang. Selon l'observatoire de sismologie de New Delhi, l'épicentre du séisme se trouvait à environ 80 km au nord-est de la ville de Darbhanga, au Bihar, à la frontière avec le Népal.

(i) Describe the area where the earthquake occurred.

(ii) Why is it possible that the casualty figures are even higher than reported?

_____

_____

(iii) In what way are the rescue efforts being hampered?

_____

_____

(iv) Describe the start of the earthquake as reported by witnesses.

_____

_____

(v) What type of appeal has been launched by India and Nepal?

_____

_____

Written Expression

1   You intend to have a birthday party (une boum) at your house. Write a letter to a friend inviting him/her to attend. Say who will be there and how you intend celebrating:

— parents away
— Friday night
— time
— number attending
— music
— food
— dancing.

Tell him/her to bring a few friends also.

2   You are a French student working as an au pair in Dublin. Write a postcard to your best friend in Paris telling him/her all the news. Use the following pieces of information:

— you are working for a couple with three children
— your work is to look after the children
— Dublin is not as busy as Paris
— last weekend you spent two days hiking in Wicklow
— you have made plenty of Irish friends
— tomorrow you hope to visit Dublin zoo
— you will see him/her when you return home for Christmas.

Reading Comprehension

A

1   (i)   These signs can be seen in a French town. Which one might be of interest to cycling enthusiasts?
Write (a), (b), (c) or (d) in the box provided.

(a) Mairie

(b) Location de vélos

(c) Gendarmerie

(d) Piétons

(ii) Match the following sets of signs and pictures. Indicate your answer in all cases by inserting the letters which correspond to the numbers in the boxes below.

No.	Letter
1	
2	
3	
4	
5	
6	
7	
8	
9	
10	

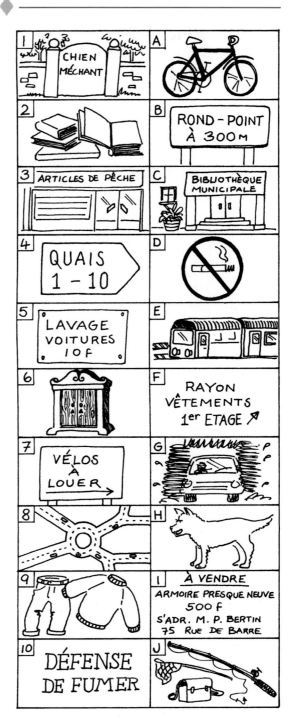

COURS DE FRANCAIS

POUR

ETRANGERS

PARLER
LIRE
ECRIRE ...*VITE !*

°°°°°°

TOUS PAYS   **TOUS NIVEAUX**

METHODE RAPIDE

TARIFS

MINI-GROUPES :	50 Francs l'heure
COURS INDIVIDUELS :	100 Francs l'heure

* * * * * * * *

IFTEX. 5 rue Ganneron 75018 PARIS
Tél : (1) **42.93.05.40 & 47.88.73.08**

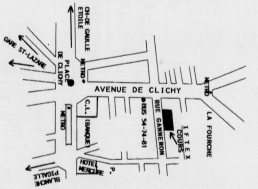

Métro : Place de Clichy ou La Fourche
Autobus : 54 - 74 - 81 - Arrêt Ganneron

(i)   At whom is the advertisement aimed?

_____

_____

(ii)   In what three ways will French be taught?

_____

_____

3 The following menus appeared in a French slimmers' magazine called *Minceur*. Answer the questions by writing (a), (b), (c) or (d) in the box provided.

5e JOUR

La base du régime reste la même, mais vous pouvez augmenter les quantités, et particulièrement les féculents. Choisissez des poissons et des viandes maigres.

Petit déjeuner : une tranche de jambon.

Déjeuner : un merlan avec des épinards et une portion de riz.

A 17 heures : fruits ou yaourts.

Dîner : une escalope de veau grillée, des pommes de terre et une salade.

6e JOUR

Toujours pas de fromage, de dessert, pas de sucre « sucrant », pas d'excitant ni d'alcool, mais de quoi vous nourrir à votre faim. Vous pouvez à nouveau manger un peu de pain.

Petit déjeuner : 1 aile de poulet.

Déjeuner : une escalope de dinde avec petits pois. Une salade verte, mais pas de tomates.

A 17 heures : fruits ou yaourts.

Dîner : 1 tranche de cabillaud avec du riz.

(i) The menu for the fifth day includes

- (a) Peas
- (b) Onions
- (c) Whiting
- (d) Trout

(ii) Which one of the following statements is true?

- (a) You are asked to eat cheese.
- (b) Alcohol is not recommended.
- (c) The menu for day 5 includes celery.
- (d) The menu for day 6 includes carrots.

(iii) The menu for the sixth day includes

- (a) Veal
- (b) Turkey
- (c) Prawns
- (d) Beans

B

Read the following extracts and answer the questions on each one in English.

1

MORT POUR SAUVER SON CHIEN

IL était parti chercher des escargots le long de la voie ferrée avec son chien. Lorsque le train de marchandises est arrivé, lentement, l'animal trottait tranquillement sur les rails. Le conducteur a klaxonné pour alerter Thadée Nawrocki, cinquante-neuf ans, qui, penché vers le sol, lui tournait le dos. Cet habitant de Jarny, en Meurthe-et-Moselle, a immédiatement réagi en appelant son chien de toutes ses forces. Mais l'animal n'a pas bougé, comme hypnotisé par le convoi qui avançait inexorablement vers lui. Comprenant que sa voix ne suffirait pas à rompre la terreur de l'animal, l'homme s'est précipité sur les rails. Il a saisi son chien par le collier. Mais il avait surestimé la distance qui le séparait du train. Il a été heurté de plein fouet par le convoi. Il est mort sur le coup. Son chien aussi.

(i) What was the man doing on the railway line?

_____

_____

_____

_____

(ii) Why was he hit by the train?

_____

_____

_____

_____

2 Describe briefly what happened in Bombay.

_____

_____

_____

_____

Effondrement

Bombay. — Dix personnes sont mortes et quarante sont portées disparues après l'effondrement sous les pluies de la mousson d'une usine de textile à Taloja à 70 km de Bombay. Dix corps ont été retrouvés dans les décombres, où une quarantaine de personnes sont toujours ensevelies. 25 ouvriers blessés ont pu être sauvés. Vingt-quatre heures après l'accident, les espoirs de retrouver vivants les ouvriers disparus s'amenuisent.

3 What is the suggested cause of the accident?

_____

_____

Un avion de tourisme s'abime

Mulhouse. — Un avion de l'aéro-club de Colmar (Haut-Rhin), avec quatre personnes à son bord, s'est abimé dimanche dans le Grand Canal d'Alsace, à proximité de Neuf-Brisach. Le pilote, M. André Freiburger, un habitant de Colmar, et ses trois passagers n'ont toujours pas été retrouvés. Le petit avion, un Morane-Saulnier, semble avoir heurté un câble électrique avant de plonger dans le Grand Canal.

4

Hommage à Nigel Mansell : MISTER PANACHE

Nigel Mansell est né le 8 août 1953 en Angleterre. La première fois que le jeune Nigel a conduit une automobile, il avait 7 ans ; c'était une Austin et l'affaire se déroulait dans un champ.

A l'instar de son père Eric qui courait en kar-ting dans les Midlands, Nigel Mansell a débuté dans cette discipline en 1968 et a remporté sa première victoire l'année suivante.

Ce sont ensuite la formule Ford, la F3 qui le guideront tout naturellement à la F1 en 1981.

10 ans plus tard, à fin 91, Nigel Mansell totalisait 21 victoires en grand prix sur 165 disputés. Il avait obtenu 17 fois la pole position et avait réalisé 22 fois le meilleur tour en course.

Champion du monde en 92, Nigel Mansell commencera une nouvelle carrière l'année prochaine aux USA en Formule Indy* avec P. Newman.

Bravo Nigel Mansell !

* La F1 américaine

(i) Where did Nigel Mansell drive his first car?

_____

_____

(ii) In what year did he have his first karting success?

_____

(iii) In how many grand prix races did he take part?

_____

_____

C

Read the following passage and answer the questions in English.

Elle avait connu la prison et l'exil, aujourd'hui le peuple pakistanais jette des pétales de rose sur son passage. A 40 ans, Benazir Bhutto veut prendre en main les destinées de son pays. Son père, Ali Bhutto, Premier ministre du Pakistan de 1971 à 1977, avait été renversé par l'armée puis pendu, alors que sa famille subissait une persécution permanente. Revenue dans son pays en 1986, Benazir Bhutto a repris le flambeau de son père et, avec son parti (le Parti du peuple pakistanais), elle a tout fait pour gagner les prochaines élections législatives.

Eduquée à Oxford, Benazir Bhutto était devenue une jeune femme occidentale. Pour conquérir le cœur et les suffrages des Pakistanais, elle a dû se soumettre aux usages de son pays, accepter un mariage traditionnel et s'habiller uniquement du costume national, le chalwar kameez. Mais lorsqu'il s'agit d'effectuer la campagne des élections législatives la jeune femme, mère depuis deux mois d'un petit garçon, redevient une véritable pasionaria, sillonnant le pays à bord d'un train spécial et tenant des meetings improvisés sur les quais de gare. Dans ce pays de 100 millions d'habitants, où 80% de la population est illettrée, chaque parti explique sa politique par des symboles. Ainsi, le Parti du peuple pakistanais est représenté par une flèche (à gauche sur l'affiche collée sur le wagon) alors que la Ligue musulmane (l'autre force politique du pays) l'est par une bicyclette. Peu habitués à la démocratie, les Pakistanais ont connu cette semaine leur 3e élection au suffrage universel, alors que Benazir Bhutto est prête à continuer dans la voie tracée par son père.

(i)   What happened to Benazir Bhutto's father?

_____

_____

(ii)   Why did Benazir Bhutto adopt the dress and customs of Pakistan?

_____

_____

(iii) Why is she travelling the country by train?

_____

_____

(iv)   What symbol represents the Pakistan People's Party?

_____

_____

(v)   What is Benazir Bhutto ready to do?

_____

_____

Written Expression

1   You are an Irish boy/girl on holidays in Paris with your family. Write a postcard to your French teacher telling him/her about your stay. Use the following pieces of information:

— the ferry trip was not very nice

— the seas were rough and you were seasick

— the weather is beautiful and warm

— Paris is a very beautiful city and you have visited many sights

— tonight you will be dining at a very famous restaurant

— tomorrow you intend buying presents for everybody

— you will be home at the end of the month.

2   Imagine that you are a French boy/girl writing to an Irish penpal for the first time. Base your letter of introduction on the following details:

Nom:	*Dupont*
Prénom:	*Robert / Louise*
Age:	*16 ans*
Description physique:	*cheveux blonds, yeux bleus, assez grand(e)*
Maison:	*un pavillon à la campagne*
Ville la plus proche:	*25000 habitants, beaucoup d'usines*
Passe-temps:	*la musique; la lecture; les randonnées en montagne*
Ecole:	*Troisième année*
Matières préférées:	*L'anglais; l'histoire; le dessin*

Reading Comprehension

A

1 (i) In a French railway station you are likely to meet some of the signs below. Match the lettered signs to the numbered explanations in French in the grid provided.

1	Salle d'attente	7	Bureau objets trouvés
2	Bain-douches	8	Bureau de poste
3	Bar-caféteria	9	Chariots porte-bagages
4	Billets	10	Facilites pour handicapés
5	Buffet	11	Consigne automatique
6	Bureau de change	12	Eau potable

No.	Letter
1	
2	
3	
4	
5	
6	
7	
8	
9	
10	
11	
12	

A
B
C
D
E
F

G
H
I
J
K
L

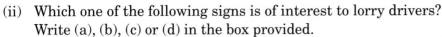

(ii) Which one of the following signs is of interest to lorry drivers?
Write (a), (b), (c) or (d) in the box provided.

(a)   Cartes postales

(b)   Relais routier

(c)   Travaux manuels

(d)   Stages gratuits

2   Read the following advertisement and answer the questions.

Un ensoleillement remarquable.

Entre le port et la plage, votre maison de 2 pièces + mezzanine + jardin sous le soleil de la Méditerranée.

BUREAU DE VENTE SUR PLACE
Rond-Point entrée Port-Leucate Tél. (16) 68.40.81.92

BANQUE
LA HENIN
GROUPE SUEZ

merlin

4, avenue de Paris, 94300 Vincennes
Métro :
Château de Vincennes **(1) 43.74.12.24**

Complétez, découpez et retournez ce bon pour une documentation gratuite sur LE VILLAGE MERLIN (Port-Leucate) à MERLIN, 4, Avenue de Paris, 94300 Vincennes.

Nom _____
Adresse _____
C.P. | | | | | |
Tél. Dom. _____ *Tél. Bur.* _____
FD 4/7

(i)   In what part of France are these houses located?

_____

_____

_____

_____

(ii) What should you do to obtain a free brochure?

_____

_____

_____

_____

3   Read the following advertisement and answer the questions.

(i)   How long has this club been in existence?

_____

_____

_____

_____

(ii)   What period of time is covered by the 71 francs charge?

_____

_____

_____

_____

(iii)   In what two ways can you obtain further information?

(a)   _____

_____

(b)   _____

_____

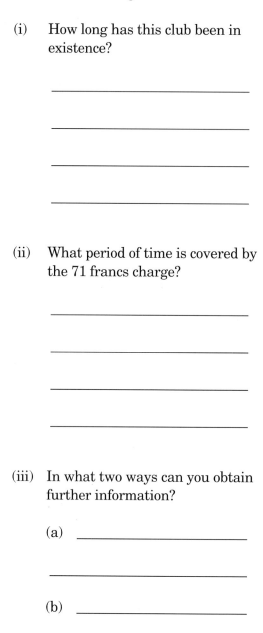

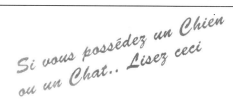

Si vous possédez un Chien ou un Chat.. Lisez ceci

Il y a 20 ans, leurs Grands-Pères bénéficiaient déjà des avantages du **CLUB DU CHIEN.**

Aujourd'hui, Action et Harold sont à leur tour sous la **PROTECTION Multiservices** du Club du Chien et du Chat.

ACTION fils de ROYS
Petit-Fils d'ISOME

HAROLD fils de DOMINO de MAJODIAN
Petit-Fils d'EAUCEAN de MAJODIAN

A partir de 71 Frs* de cotisation mensuelle, vous bénéficierez de la prise en charge par le Club, de vos frais vétérinaires.

Dès aujourd'hui, demandez-nous une documentation gratuite en téléphonant au **(1) 48 06 84 84** à Paris ou en écrivant à l'adresse suivante :

**CLUB DU CHIEN ET DU CHAT
138 rue du Chemin Vert
75011 PARIS**

*Option chirurgie jusqu'à 9 000 Frs de remboursement annuel. Franchise de 250 Frs par sinistre.

B

Read the following extracts and answer the questions on each one in English.

1

CINQ jeunes éclaireurs et leurs accompagnateurs ont vécu un véritable drame, dans la nuit de vendredi à samedi. Partis de leur camp de base près de la Chapelle-en-Vercors (Drôme), ils devaient établir un camp volant de l'autre côté de la Bourne, dans l'Isère. La nuit les a vraisemblablement surpris. Egaré, le petit groupe s'est retrouvé devant un a-pic de 80 mètres au-dessus du pont de la Goule noire à Villard-de-Lans.

L'équipée, qui devait durer trois jours, s'est arrêtée là. Les moniteurs Hervé Pacatte, 16 ans, originaire de Generac (Gard) et Cécile Brès, 21 ans, de Beauvoisin (Gard) tombaient dans le vide. Hervé Pacatte était tué sur le coup. La jeune fille gravement blessée, mais consciente, allait vivre un véritable calvaire.

L'intervention des gendarmes mettra fin au cauchemar. Mais une famille est endeuillée, une jeune femme gravement blessée, et tout un camp d'éclaireurs gardois traumatisé par l'événement.

(i) Describe briefly why the troop of scouts was in difficulty.

_____

_____

_____

_____

(ii) What happened to Cecile Brès?

_____

_____

_____

_____

2

Immolé

Hambourg. – Un jeune Polonais s'est immolé par le feu après s'être aspergé d'essence defant le consulat russe à Hambourg.
La police ouest-allemande a déclaré ignorer les motifs qui ont poussé Marek Jucal, 26 ans, originaire de Szczecin, à commettre cet acte. La mission russe s'est refusée à tout commentaire.

(i) What did the young Polish man do?

_____

_____

_____

(ii) What was the reaction of the Russian Embassy?

_____

_____

3 Describe briefly the incident at the college.

_____

_____

_____

_____

Alerte à la bombe au collège

Romans. — Lundi en fin de matinée, un appel téléphonique anonyme a prévenu le C.E.G. de Saint-Sorlin-en-Valloire qu'une bombe avait été déposée dans l'établissement. Les élèves étaient alors immédiatement évacués et le bâtiment soigneusement fouillé.

4

Cinq jours sans poubelles

⬤ Les jours fériés, tout le monde y a droit. Y compris les employés chargés de la collecte des ordures ménagères. Résultat : inutile de sortir vos poubelles mercredi. Il en sera de même le 15 août, le 25 décembre, le 1er janvier et le 1er mai.

What service has been cancelled on all bank holidays?

_____

_____

C

Read the passage opposite and answer the questions in English.

(i) Name two ways in which Jean-Luc Lahaye earns money.

    (a) _____

    (b) _____

(ii) What types of people does Jean-Luc try to assist?

_____

_____

JEAN-LUC LAHAYE

...de réaliser son rêve d'enfant !

Sa mère lui interdit...

DIX-NEUF millions de centimes par mois ! Pas mal comme salaire, n'est-ce pas ? C'est ce que gagne Jean-Luc Lahaye pour animer sa célèbre émission du vendredi soir « Lahaye d'honneur ». Et si l'on ajoute les pourcentages plus que confortables que le chanteur touche sur la vente de ses disques, on imagine qu'il n'est pas vraiment dans le besoin...

Aujourd'hui, celui qui a eu une enfance misérable et sans tendresse sait faire profiter les autres de sa

Jean-Luc Lahaye : un grand cœur... brisé.

gloire et de sa fortune. Son extraordinaire combat pour les déshérités ne connaît pas de trêve. Enfants, handicapés, chômeurs, sont ceux que Jean-Luc veut aider. Il se l'était promis depuis longtemps.

Pourtant, il y a une personne qui lui interdit de réaliser un rêve d'enfant. C'est sa propre mère ! Cette mère à laquelle il s'était promis, enfant, de faire, une fois devenu riche, les plus somptueux cadeaux.

Retraite

Oui, la maman de Jean-Luc ne veut pas de la générosité de son fils.

Elle vit modestement avec sa retraite de 4.000 francs. Et elle en dépense une partie pour acheter des Bibles qu'elle offre dans le métro.

« Ma mère a toujours vécu pauvrement, a-t-il déclaré, et tient à le rester (...). J'en suis le premier meurtri. »

(iii) What promise did he make to his mother?

_____

_____

(iv) Why is he unable to fulfil that promise?

_____

_____

(v) Explain what his mother does.

_____

_____

Written Expression

1   Your father has just changed jobs and therefore your family has moved house (déménager). Write a letter to your penpal in which you describe the following:
—   the new town
—   the house
—   the new school
—   activities for young people
—   youth club
—   sports.

Invite your friend to spend a holiday with you next year.

2   You have lost a valuable coat which you borrowed from a friend. You haven't the courage to face him/her so you decide to write a note instead. Explain the circumstances of the loss and say that you will replace the coat when you can withdraw money from your savings.

Reading Comprehension

A

1   (i)   Which one of the following signs would you expect to find at a French bus depot?
Write (a), (b), (c) or (d) in the box provided.

(a) Branchement électrique

(b) Natation

(c) Liaison directe

(d) Dortoir des femmes

(ii) Match the following sets of signs and pictures. Indicate your answer in all cases by inserting the letters which correspond to the numbers in the boxes below.

No.	Letter
1	
2	
3	
4	
5	
6	
7	
8	
9	
10	

2   Read the following advertisement and answer the questions which follow.

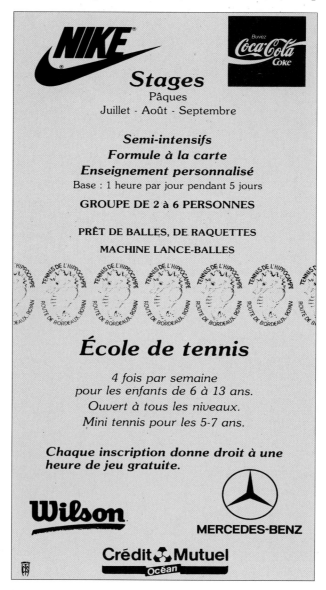

(i)   When do the tennis courses begin each year?

_____

(ii) Which sentence in the advertisement explains that everybody can participate?

_____

_____

3   The following recipe appeared in a French cookery book.
    Answer the questions by writing (a), (b), (c) or (d) in the box provided.

(i)   The list of ingredients does *not* include

    (a)   Chicken

    (b)   Peppers

    (c)   Garlic

    (d)   Tomatoes

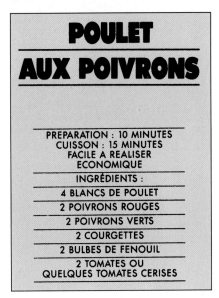

POULET
AUX POIVRONS

PREPARATION : 10 MINUTES
CUISSON : 15 MINUTES
FACILE A REALISER
ECONOMIQUE

INGRÉDIENTS :
4 BLANCS DE POULET
2 POIVRONS ROUGES
2 POIVRONS VERTS
2 COURGETTES
2 BULBES DE FENOUIL
2 TOMATES OU
QUELQUES TOMATES CERISES

(ii) Which one of the following statements *is*
      true?

    (a)   The recipe is difficult to prepare.

    (b)   The dish takes 15 minutes to prepare.

    (c)   The dish is not expensive.

    (d)   The recipe contains egg-white.

(iii) The list of ingredients includes

    (a)   Mustard

    (b)   Two types of pepper

    (c)   Thyme

    (d)   Lettuce

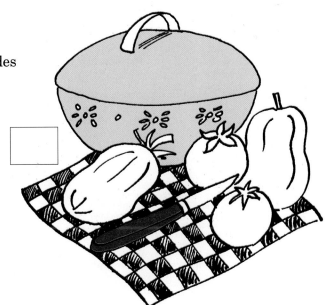

B

Read the following extracts and answer the questions on each one in English.

1

Lycéens : une carte pour les transports

Les élèves du Val-Maubuée peuvent bénéficier de transports gratuits pour aller à l'école. Pour cela, il faut être titulaire d'une carte décernée par le syndicat d'agglomération nouvelle. Les élèves doivent habiter au moins à 5 kilomètres de leur établissement scolaire. Les nouveaux doivent s'inscrire au syndicat d'agglomération nouvelle, avant le 20 septembre. Il faut vous munir d'un certificat de scolarisation et d'une photo d'identité.
Pour tout renseignement, contactez le 60.37.24.67.

(i)   What new service is referred to in this extract?

_____

_____

(ii)   List any three conditions mentioned.

(a) _____

(b) _____

(c) _____

2

Alerte aux mouettes
Nice. — Une trentaine de mouettes ont contraint, hier matin, un Airbus d'Air Inter — qui venait de décoller de l'aéroport de Nice pour Paris — à se poser d'urgence quelques minutes plus tard. Croisant la trajectoire de l'avion en pleine ascension, ces mouettes ont été aspirées et broyées par les réacteurs de l'appareil qui se sont enrayés. Les 170 passagers de l'avion ne se sont pas rendus compte tout de suite de ce qui se passait. Ils en ont été quitte pour une belle peur rétrospective.

Why did the aircraft have to make an emergency landing?

_____

_____

_____

_____

3 (i) What happened to the worker?

_____

_____

_____

_____

(ii) Who brought him to hospital?

_____

_____

_____

_____

Chute à travers un faux plancher

Aubenas. — Hier à 15 h 50, un ouvrier qui travaillait sur le chantier des laboratoires Chauvin-Blache, en Z.I. quartier de Ripotier à Aubenas, pour le compte de l'entreprise Estève Pascal de Labégude, a fait une chute de 4 à 5 m à travers un faux plancher. Il s'agit de M. Robert Boulent, 44 ans, demeurant 95 route de Vals à Labégude qui, souffrant de contusions multiples a été transporté au C.H. d'Aubenas par les sapeurs-pompiers. Les agents du commissariat de police se sont rendus sur les lieux.

4 (i) How did the robber gain entry to the shop?

_____

_____

_____

(ii) Where was Emiliano Revilla captured?

_____

_____

_____

FAUX GENDARME

Un faux gendarme a tenté de dévaliser une bijouterie du Touquet (Pas-de-Calais), en s'introduisant par l'arrière-boutique. L'homme a été rattrapé alors qu'il venait de déclencher le système d'alarme. Les policiers le soupçonnent d'être à l'origine d'un autre hold-up, réussi celui-ci, qui, en décembre, avait rapporté 3 500 000 F à son auteur.

FAUSSE JOIE

Un coup de téléphone anonyme a annoncé la libération du « roi du chorizo » espagnol, Emiliano Revilla, enlevé par l'E.T.A. il y a cinq mois. Mais la police espagnole a fait en vain une battue dans les monts de Malsavin. C'est la sixième fausse alerte concernant la libération de cet industriel.

C

Read the following passage and answer the questions in English.

Encouragé par le succès obtenu à Paris par sa première collection printemps-été, Christian Lacroix a traversé l'Atlantique. Petit génie de la mode (il a tout de même 39 ans), et considéré à l'étranger comme le nouveau grand de la haute couture parisienne, il a choisi de conquérir la ville de New York, l'un des bastions les plus difficiles à investir.

Mission accomplie, si l'on en croit la presse enthousiaste, au lendemain de la brillante soirée donnée dans le cadre exotique du Jardin d'Hiver, au Financial Center, qui fut « l'une des plus élégantes, des plus glamoureuses, et des mieux réussies de la saison ». Au bras du couturier, la ravissante comédienne Brooke Shields paraissait enchantée de pouvoir pratiquer son français (elle vient d'obtenir son diplôme de littérature française à l'université de Princeton. Le milliardaire américain Trump, qui a réussi la performance de sortir du krach de la Bourse avec un gain de 250 millions de dollars, fit une entrée remarquée au bras de son épouse. Comme l'acteur Michael Douglas, dont la séparation d'avec sa femme Deandra est un vieux souvenir. Quant à Faye Dunaway, elle était, avouons-le, bien plus jolie que dans son film *Barfly*. Notons encore la présence du danseur Mikhail Baryschnikov, de la comédienne Lauren Hutton et du producteur de rock Mac Laren, qui pour rien au monde n'aurait raté ce rendez-vous de la mode. ■ *D.G.*

(i) Why has Christian Lacroix gone to America?

_____

_____

(ii) Why is it fair to say that he has been successful?

_____

_____

(iii) Why was Brooke Shields happy to be with Monsieur Lacroix?

_____

_____

(iv)   What happened to Monsieur Trump during the stockmarket crash?

_____

_____

(v)   What comment is made about the actress Faye Dunaway?

_____

_____

Written Expression

1   You have just returned from an exchange holiday to Ireland. Unfortunately you forgot your watch. Write a postcard to the Irish family, based on the following details:

— you arrived home safely after a pleasant flight
— you want to thank the family for a very enjoyable stay
— you think that the watch is somewhere in the bedroom
— ask them to send it on as soon as possible
— you will write a long letter soon.

2   The daughter/son of your nextdoor neighbour wishes to spend the summer holidays in France. You have been asked to write a letter to a French family you know, asking them to accept the boy/girl. Base your letter on the following information:

Surnom:	*Kelly*
Prénom:	*Mark / Maria*
Age:	*16 ans*
Famille:	*3 frères; 2 soeurs*
Père:	*facteur – fanatique de sport*
Mère	*vendeuse – boutique de mode*
Maison:	*pavillon en banlieue*
Passe-temps:	*la musique pop; le footing; la natation; la télévision*
Ecole:	*année – matières préférées*
Nourriture:	*plats favoris*

Reading Comprehension

A

1 (i) Match the following sets of signs and pictures. Indicate your answer in all cases by inserting the letters which correspond to the numbers in the boxes below.

No.	Letter
1	
2	
3	
4	
5	
6	
7	
8	
9	
10	

(ii)   Which one of the following signs would you expect to find in a library in
       France?
Write (a), (b), (c) or (d) in the box provided.

(a)   Entrée interdite

(b)   Service réveil

(c)   Pas de bruit

(d)   Vêtements de pluie

2   Look carefully at this advertisement and answer the questions which follow.

(i)   Explain the headline in your
       own words.

       _____

       _____

       _____

       _____

(ii)   What service is being offered by
       Cobra?

       _____

       _____

       _____

       _____

TOUTES LES 20 SECONDES,
UNE VOITURE
EST VOLÉE EN EUROPE.

COBRA est votre consultant en
matière de protection automobile.
Les systèmes COBRA sont
homologués en SRA ☆☆☆☆ et ont
passé avec succès les tests prolongés
de résistance au vol effectués par les
principales compagnies d'assurances
européennes.
En France et en Europe, nos
partenaires sont les meilleurs
spécialistes et les plus grands
constructeurs automobiles.

Cobra

3   The following outline is taken from a French sports magazine.
     Answer the questions by writing (a), (b), (c) or (d) in the boxes provided.

Christophe BORDEAU
(Natation)

- Né le 3 août 1968
- **Taille** : 1.85 m   **Poids** : 71 kg.
- **Club** : EN Tours
- **Profession** : lyceen
- **Palmarés** : finaliste (7°) des Championnats d'Europe sur 400 métres quatre nages.
- **Profil** : un nageur d'une régularité extraordinarie. Est toujours au moins correct sous le maillot de l'équipe nationale. Une place en finale olympique du 400 métres quatre nages sera un objectif difficile mais pas impossible.

L'ÉQUIPE-VITTEL

(i)   Christophe Bordeau is:

(a)   A runner.

(b)   A footballer.

(c)   A swimmer.

(d)   A gymnast.

(ii)   Which of the following statements *is* true?

(a)   Christophe is the European champion.

(b)   Christophe is a teacher.

(c)   Christophe is a student.

(d)   Christophe is from Bordeaux.

(iii) This sportsman:

(a)   Has represented his country.

(b)   Was born in 1958.

(c)   Runs 400 metres each day.

(d)   Has won an Olympic medal.

B

Read the following extracts and answer the questions on each one in English.

1

UN APPARTEMENT QUI NE TIENT PAS EN PLACE POUR CEUX QUI NE TIENNENT PAS EN PLACE.

Le motorhome ou "Camping-car" est un minibus aménagé. Rien de plus pratique pour les indépendants qui désirent découvrir de nouveaux horizons à leur rythme, entre amis ou en famille.
De plus, vous pourrez circuler sans peine, les routes sont larges, la vitesse généralement limitée à 90 km/heure.

Le camping "sauvage" est interdit au Canada et aux Etats-Unis. Néanmoins, un vaste choix de campements aménagés vous est proposé, dans les parcs nationaux et près des principaux lieux touristiques. Vous les trouverez sous le nom de "Campground", et "Trailer Camp" (terrains exclusivement réservés aux camping-cars). Les campings sont, en principe, très bien équipés (barbecues, blocs sanitaires, tables, branchements électriques... et parfois même : piscine).

Il est recommandé, en haute saison, d'arriver avant 17 heures, si vous n'avez pas réservé votre emplacement.

(i) What are the advantages of a camping-car, according to the extract?

_____

_____

_____

_____

(ii) Explain what is meant by the term 'camping sauvage' in the second paragraph.

_____

_____

2 (i) Where did the boy find the explosive device?

_____

_____

_____

(ii) When did the device explode?

_____

_____

_____

Pendule

Brunoy. – Un enfant de 7 ans a eu dimanche trois doigts arrachjés après avoir minipulé un engin explosif qu'il avait découvert dans une pendule que restaurait son père.
Sébastien, 7 ans, a été hospitalisé à hôpital de Villeneuve Saint-Georges (Val-de-Marne).
L'enquête devra déterminer les causes exactes de cet accident, car l'enfant, après avoir découvert le paquet dans la pendule, l'a transporté dans sa chambre, et a tiré sur une ficelle, déclenchant la détonation.

3

La victime surprend le voleur

Hier matin, vers 6 h 30, un couple est brutalement réveillé par des bruits de verre cassé sous ses fenêtres, rue Arthur-Rimbaud. Un rapide coup d'œil dehors. Une jeune femme vient de briser le pare-brise de la voiture du couple. Elle se prépare à emporter l'autoradio. Le propriétaire bondit de son lit, descend les escaliers quatre à quatre et se lance à la poursuite de sa voleuse. Il retrouvera sa trace une demi-heure plus tard.

Interpellée par les policiers, Sarah B..., vingt ans, demeurant à Pontault, a reconnu les faits. Elle a été libérée à l'issue de sa garde à vue. Elle est convoquée au tribunal en septembre.

Describe what the couple saw when they looked out the window.

_____

_____

_____

_____

4

EN VOULANT RÉCUPÉRER SON PORTE-MONNAIE IL SE NOIE DANS LA BOUCHE D'ÉGOUT

Eugène Bossé se rendait à son bureau, à Saint-Nazaire, lorsque son porte-monnaie lui a échappé des mains et est tombé dans un égout. Le sexagénaire a alors entrepris de récupérer son bien. Il a retiré la grille qui obturait le puisard. L'orifice avait environ 45 cm de diamètre.

Il s'est allongé. Mais il aviat à peine engagé ses bras qu'il a basculé, tombant dans la bouche profonde d'un peu plus d'un mètre. Lorsqu'une de ses collègues de travail a aperçu, un quart d'heure plus tard, les pieds dépassant de l'orifice, il était trop tard. Eugène Bossé était mort, noyé dans trente centimètres d'eau.

(i)   Why did the man remove the grille from the sewer?

_____

_____

(ii)   Describe what happened to him.

_____

_____

C

Read the following passage and answer the questions in English.

(i)   What was the matter with the scarecrow in 'The Wizard of Oz'?

_____

_____

_____

(ii)   Describe Judy Garland's footwear in the film.

_____

_____

_____

(iii)   What has happened to the famous shoes?

_____

_____

_____

JUDY GARLAND

INOUBLIABLE « le Magicien d'Oz ». Tous ceux qui, petits et grands, ont vu ce film se souviendront toute leur vie de ce monde féérique où les lions n'ont pas de courage, les épouvantails nulle cervelle et les hommes en fer blanc aucun cœur.

Petits et grands se souviendront aussi de la fraîcheur de Judy Garland, de la pureté parfaite de sa voix et... de ses souliers de rubis aux pouvoirs magiques.

Un homme vend sa maison pour acheter ses escarpins !

Judy Garland nous a quittés trop vite. Restent ses films, ses disques... et les fameux souliers de rubis.

Certes, ces rubis sont faux. Ils viennent pourtant d'atteindre la somme fabuleuse de 99 millions de centimes dans une vente aux enchères à New York.

Leur acquéreur a même vendu sa maison pour les acheter.

Il faut dire que c'est un vrai fanatique. A 28 ans, il a vu « le Magicien d'Oz » plus de cent fois ! Rien de ce qui concerne la carrière de Judy ne lui est étranger. Et maintenant, comble de bonheur, il possède les souliers de rubis.

Espérons que ces coûteux escarpins se révéleront réellement magiques et qu'ils permettront à leur nouveau propriétaire de retrouver vite un toit !

(iv)   Explain why the man knows a lot about Judy Garland.

_____

_____

_____

_____

(v)   What wish is expressed in the last paragraph?

_____

_____

_____

Written Expression

1   You wish to spend a month during the summer with a French family. Your teacher has given you the following address:

> M. Jean Dubois
> 25 Avenue Balzac
> 33120 Bordeaux
> France

Write a letter to the family giving the following information about yourself:

— Patrick/Patricia Lane

— 17 years old

— student

— wish to improve your French

— fond of children

— prepared to do housework

— hobbies – tennis, swimming.

Say that you hope that they will allow you to stay with them.

2   You are on a pilgrimage to Lourdes with your family. Write a postcard to your
     aunt telling her all the news. Use the following pieces of information:

     — you were frightened on the journey by plane

     — you all arrived safely in Lourdes

     — you go to mass at the Grotto every morning

     — you attended the torchlight procession last night

     — you will be going on a daytrip to Spain tomorrow

     — you hope to buy presents for everyone.

Reading Comprehension

A

1   (i)   The following signs can be seen in Paris. Which one refers to pleasure
            cruises?

            Write (a), (b), (c) or (d) in the box provided.

     (a)   Natation

     (b)   Route glissante

     (c)   Bateau-mouche

     (d)   Église

(ii) In a French railway station you are likely to meet some of the signs below. Match the lettered signs to the numbered explanations in French in the grid provided?

1	Entrée	7	Salle d'attente
2	Facilités pour handicapés	8	Sortie
3	Fumeurs	9	Téléphone public
4	Information	10	Toilettes pour dames
5	Non-fumeurs	11	Toilettes pour hommes
6	Point de rencontre	12	Train-Auto-Couchettes

No.	Letter
1	
2	
3	
4	
5	
6	
7	
8	
9	
10	
11	
12	

A   B   C   D   E   F

G   H   I   J   K   L

2   The following advertisement appeared in a French magazine.

(i)   When are groups welcome to visit the museum?

_____

_____

(ii)   What does the term 'jours fériés' refer to?

_____

_____

3   Read the following advertisement and answer the questions.

VOIR TOUT PARIS ET TOUT SAVOIR

Une vue unique sur Paris
Au 56e étage, contemplez Paris et tous ses monuments en toute liberté. Par tous les temps, avec le confort de la climatisation. Puis, montez sur la terrasse panoramique en plein air, trois étages plus haut. Ici, à 209 mètres au-dessus de Paris, votre vue peut porter jusqu'à 40 Km. Vous pouvez même vous rapprocher de l'horizon grâce aux téléscopes.

Un film exceptionnel sur Paris
«Paris jamais vu». Le film d'Albert Lamorisse vous présente 20 minutes de vues aériennes sur Paris comme vous n'en verrez jamais. Projeté en continu dans notre salle de cinéma, l'entrée est gratuite.

Des expositions historiques sur Paris
Toute l'année, la Tour présente, à travers des images et des documents, les petits secrets de l'histoire mouvementée de Paris. Actuellement exposées, des photos aériennes du 19e et 20e siècle et une rétrospective de la construction de la Tour Montparnasse.

Vos plus beaux souvenirs
A la boutique, choisissez vos cadeaux souvenirs de Paris, miniatures, gadgets, cartes etc... Profitez aussi du service postal pour adresser vos cartes avec le tampon de la Tour Montparnasse.

(i)   How far can you see from the top of the tower?

_____

_____

(ii) How much does it cost to watch the film?

_____

_____

(iii)　From what period do the photographs in the exposition date?

_____

_____

(iv)　What other services can you avail of while visiting the tower?

(a)　_____

(b)　_____

B

Read the following extracts and answer the questions on each one in English.

1

Dévalisé par son petit-neveu

● Un retraité de quatre-vingt-neuf ans domicilié à Pessac, près de Bordeaux, a été dépouillé de ses économies par son petit-neveu âgé de vingt-quatre ans, qui a réussi à lui subtiliser la clé de son coffre. Il a été confondu après avoir vendu plusieurs dizaines de louis d'or et pour 400 000 F de titres.

(i)　Who robbed the old man's savings?

_____

_____

(ii)　How did the thief manage to get his hands on the money?

_____

_____

2

Littoral normand : moules interdites

Le ramassage et la consommation de moules sont interdits sur une centaine de kilomètres du littoral normand entre Le Tréport et Yport (Seine-Maritime) en raison d'une contamination bactérienne. L'interdiction pourrait durer plusieurs semaines. Cette contamination peut provoquer des gastro-entérites et des diarrhées.

(i)   Why has the gathering of mussels been banned?

_____

_____

(ii)   How long is the ban expected to last?

_____

_____

3

AVEZ-vous pris la précaution de mettre dans vos bagages le tout dernier stylo vraiment indispensable en vacances ? Pas pour écrire des cartes postales, mais pour calmer toutes sortes de piqûres : piqûres d'insectes : moustiques, taons, guêpes ; vives, méduses, etc.

Dans tous ces cas, il suffit d'appliquer le stylo à l'endroit de la piqûre. Quelques applications dans la journée supprimeront toute douleur. Ce stylo contient en effet une substance apaisante : l'hydroxyde d'ammonium. Et, de plus, il renferme aussi de l'huile de vison qui prévient le dessèchement et la desquamation de la peau.

Le nom de ce stylo ? Atfer Pick (lab. Pharmy II).

(i)   What is the purpose of the item mentioned?

_____

_____

(ii)   How is it used?

_____

_____

4   Describe what happened in this incident.

_____

_____

_____

_____

Deux ha de végétation détruits par le feu

Aubenas. – **Les sapeurs-pompiers de Joyeuse, puis des renforts venus de Lablachère et Largentière ont été amenés à combattre un incendie de forêt sur la commune de Joyeurs. Le feu qui avait pris vers 16 h dimanche dans la lande en bordure d'un chemin de terre au lieudit Vinchannes, s'est communiqué à des pins et châtaigniers : il a été éteint vers 19 h 30.**

C

Read the following passage and answer the questions in English.

REGGAE SUR LES TERRAINS DE FOOTBALL

Les «dreadlocks» ou petites tresses typiques de la tradition et de la culture jamaïquaine, l'habitude de toujours dire ce qu'il pense, les convictions politiques soutenues avec un grand naturel et une grande tranquillité mais sans aucun fanatisme, tout cela a fait de **Ruud Gullit** un personnage différent et parfois gênant dans un monde (celui du sport) où l'on oublie souvent que derrière l'image publique de l'athlète, il y a toujours et malgré tout un homme.

Ruud Gullit naît le 1 septembre 1962 à Amsterdam d'une mère Hollandaise et d'un père noir, originaire du Surinam (ex-Guyane Hollandaise) qui lui transmet la passion pour le football. Ainsi, après avoir joué dans différentes équipes juniors, et après avoir été jugé comme «inapte» par l'entraîneur de l'Ajax, la plus prestigieuse équipe hollandaise, il arrive dans la formation de première division d'Amsterdam: l'Haarlem. Nous sommes en 1979, Gullit a 17 ans et vit avec vitalité et enthousiasme cette période de sa vie. Il faut dire que la capitale hollandaise est un univers multicolore, plein de possibilités, où, comme Gullit l'a dit dans une récente interview «...le problème du racisme n'existe pas. Tout le monde peut vivre selon ses propres intérêts». **Ruud n'aime pas seulement le football; il aime depuis toujours la musique reggae** et se consacre à cette grande passion en jouant de la basse et des tambours avec un groupe d'amis: les *Revelation Time* (qui ont enregistré un disque «Not The Dancing Kind»). De plus, pour confirmer son intérêt pour les problèmes raciaux, il est membre de l'association *Anna Frank* qui s'occupe des problèmes des minorités ethniques en Hollande.

Mais toutes ces activités ne l'empêchent pas de continuer sa splendide aventure dans le monde du football. Il passe dans l'équipe du Feyensord et aux côtés du grand Cruijff, il gagne le championnat. Il en gagne d'autres avec l'équipe PSV Eindhoven. C'est à la même époque que s'ouvrent les portes de l'Equipe Nationale: c'est le grand succès européen et mondial. Les grandes sociétés étrangères (surtout espagnoles et italiennes) le remarquent, et en 1986, Ruud quitte Amsterdam pour Milan en Italie, avec un contrat de trois ans et une compensation de... trois milliards de lires. Aujourd'hui ce génie de football joue pour l'équipe italienne Sampdoria.

(i)   Name two aspects of Ruud Gullit's personality.

_____

_____

_____

(ii) Who refused to give him a playing contract?

_____

_____

_____

(iii) What has Ruud Gullit to say about Amsterdam?

_____

_____

_____

(iv) Name two activities which interest him when he is not playing football.

_____

_____

_____

(v)   Why did Ruud Gullit leave Holland?

_____

_____

_____

Written Expression

1   You are a French boy/girl in the South of France for the wine harvest (les vendanges). Write a postcard to your friend in Paris telling him/her all the news. Use the following pieces of information:

- — you hope that he/she got a summer job
- — you are working very long hours
- — there are boys and girls from all over the world with you
- — last night you went to a disco
- — next weekend you are going on a group excursion to Cannes.

Ask him/her to write to you with all the news.

2   You are an Irish student who is spending Christmas in France. Write a letter to your best friend in which you describe the festivities in France. Base your letter on the following details:

- — preparation
- — busy streets
- — shops
- — carol-singing
- — Midnight mass
- — Santa Claus
- — presents
- — food
- — teenage parties.

Say that you will be home the week after Christmas.

19

Reading Comprehension

A

1 *ORDINARY*

Match the following sets of signs and pictures. Indicate your answer in all cases by inserting the letters which correspond to the numbers in the boxes below.

No.	Letter
1	
2	
3	
4	
5	
6	
7	
8	
9	
10	

(ii) Which one of these signs is of interest to pedestrians?
Write (a), (b), (c) or (d) in the box provided.

(a) Stationnement interdit

(b) Passage clouté

(c) Concierge

(d) Equitation

2 Read the following advertisements and answer the questions which follow them.

PÊCHE A LA TRUITE
PISCICULTURE
DE
NANTEAU / LUNAIN
tél. 64 29 00 14
• SPÉCIAL PARCOURS GROSSES TRUITES
• VENTES AU DÉTAIL
• PÊCHE A LA JOURNÉE
• TRUITES SAUMONÉES • TRUITES FUMÉES

AGENCE MATRIMONIALE
Pierrot Bonheur
Votre conseiller matrimonial
Jean-Pierre PETITDIDIER
vous reçoit du lundi au samedi
de 10 heures à 19 heures
**6, résidence du Berry - VAUX
77120 COULOMMIERS
☎ 64.65.02.22**

SAINT-GEORGES CONSTRUCTION
Pavillons Clés en Main
Rénovation - Couverture
JORIS DIODORE
27, rue de la République
17110 St. Georges de Didonne
Tél. 46 05 58 57 - Fax. 46 05 27 30

RESTAURANT
"LA FORÊT"
Henry et Valérie LHERMITE VIVIERS
vous proposent
Spécialités poissons - Fruits de mer
Viandes et Crustacés grillés - Cuisine vapeur
Parking privé - Terrasses couvertes- Parc boisé- Jeux d'enfants
Route de Talmont - 17132 MESCHERS
☎ 46 02 79 87

L'UNIVERS DES MEUBLES
tous les meubles, styles, contemporains, rustiques
SALON – LITERIE
Ambiance Tiffany
1385, avenue de Paris
**77120 MOUROUX - COULOMMIERS
Tél. 64.03.64.44**

**Caisse d'Epargne
Ecureuil de la Brie**
**PLAN D'ÉPARGNE
POPULAIRE ÉCUREUIL**
*"Des rendements garantis,
des taux élevés"*
Agence de Coulommiers
5, cours Gambetta
☎ 64 20 70 70

Write down the number you would ring if you wanted

(a) to buy furniture _____

(b) to start saving money _____

(c) to eat out _____

(d) to make improvements to your house. _____

129

3   The following recipe was taken from a French recipe book.
     Answer the questions by writing (a), (b), (c) or (d) in the boxes provided.

---

623. — Poulet Marengo.

Préparation : 20 mn. Cuisson : 1 h 45.

1 poulet : 1 kg 200. 2 cl d'huile. 30 g de beurre. 40 g de farine. Persil. 2 dl de bouillon. 2 dl de vin blanc. 200 g de champignons. 50 g de purée de tomates. 30 g d'échalotes.

Découper le poulet cru. Faire chauffer l'huile et le beurre et y mettre les morceaux à dorer. Lorsqu'ils sont à moitié revenus, saupoudrer avec un hachis de persil et échalotes. Continuer à faire dorer. Mettre ensuite la farine, faire sauter les morceaux, mouiller avec le bouillon et le vin blanc. Laisser cuire doucement pendant une heure. Ajouter à ce moment les champignons lavés et coupés et la purée de tomates. Prolonger la cuisson pendant 30 minutes au moins.

(i)   Which one of the following items *is* listed in the ingredients?

    (a)   Salt

    (b)   Flour

    (c)   Potatoes

    (d)   Cucumbers

(ii)   Which one of the following statements *is* true?

    (a)   The dish takes 20 minutes to cook.

    (b)   The chicken must be cut in pieces.

    (c)   Red wine is used in the preparation.

    (d)   The dish takes 30 minutes to prepare.

(iii) Which of the following items is *not* listed in the ingredients?

    (a)   Mushrooms

    (b)   Oil

    (c)   Butter

    (d)   Vinegar

B

Read the following extracts and answer the questions on each one in English.

1

Pas de place pour le cirque

Vendredi, dans le milieu de l'après-midi, un cirque assez important avec une dizaine de camions et caravanes vient stationner sur le parking du boulevard Deminiac. Partis de Rouen, le matin, les chevaux, lamas, hippopotames, singes, ont circulé toute la journée et la route a été longue.

Peu de temps après l'arrivée des camions, le responsable de la police municipale précise aux patrons du cirque qu'il n'est pas possible de stationner, le parking étant réservé au stationnement, notamment le samedi avec l'affluence du marché. Et comme il ne se présente pas d'autres capacités d'accueil à Dol (le même problème se pose pour les spectacles en salle), les camions vont reprendre la route pour trouver,

grâce à un ami du cirque, le Mélorien Claude Grenet, un lieu plus accueillant.

Dommage, car, à l'orée de la saison, toutes les idées, suggestions, propositions, sont bonnes à prendre pour animer davantage la vie locale.

(i) Where was the circus coming from?

_____

_____

_____

_____

(ii) Why, according to the journalist, is it a pity that the circus was not allowed to stop?

_____

_____

_____

_____

2

Un T.G.V. évacué

Plus de trois cents voyageurs en provenance de Paris ont dû descendre en gare de Couhé-Vérac (Vienne) du T.G.V.-Atlantique, tombé en panne, avant d'être transférés dans un autre T.G.V., vers 16 heures, dimanche. La panne a entraîné plusieurs heures de perturbation du trafic.

Why were the passengers evacuated from the train?

_____

_____

3

Un alpiniste français tué

Rome. — Un alpiniste français a été tué dimanche soir par un éboulement de rochers sur le versant italien du mont Blanc, au Val d'Aoste, a annoncé la police locale.

M. Jean-Marie Galmich, 38 ans, avait commencé son ascension sur le versant français avec un ami, M. Jean-François Borret, 32 ans, mais, à un certain moment, de la neige fraîche avait bloqué leur progression C'est alors qu'un bloc de rocher s'est détaché de la paroi et s'est abattu sur M. Galmich, lui fracassant le crâne. Son compagnon est indemne.

(i)   Where did the accident take place?

_____

_____

_____

_____

(ii)   How was the man killed?

_____

_____

4

Pirates de la route

Toulon. — Les « pirates » de la route, ces bandes de gansters qui sillonnent chaque année le midi de la France pour dévaliser les vacanciers, ont refait leur apparition dimanche près d'Aix-en-Provence (Bouches-du-Rhône) : un couple de touristes écossais qui circulait sur l'autoroute A.8 a été attaqué par un groupe de malfaiteurs qui a dépouillé les deux voyageurs de la totalité de leurs bagages et de leurs valeurs.

Les gangsters, au nombre de trois, ont d'abord heurté leur véhicule. Le couple s'est alors arrêté sur le bas côté pour regarder ce qui se passait et a été immédiatement cerné par les malfaiteurs armés.

(i)   What country were the tourists from?

_____

_____

(ii)   Describe how the robbery was carried out.

_____

_____

_____

_____

C

Read the following passage and answer the questions on the next page in English.

LONGUE VIE AU VIEUX JOE!

La musique de qualité est comme le bon vin: avec l'âge son goût devient plus fruité, plus fort et offre à ceux qui le dégustent des sensations de chaleur et d'énergie. **Joe Cocker** n'est pas vieux si l'on se réfère à sa date de naissance (en effet, il est né le 20 mai 1944 à Sheffield en Angleterre), mais son expérience musicale qui a presque vingt ans, et les vicissitudes de la vie ont prématurément rendu sa voix rauque, l'ont éprouvée et lui ont donné cette richesse de tonalités qui le caractérisent depuis ces débuts et lui ont permis de gagner la sympathie du public et de la critique. Après avoir étudié à la 'Central Technical School' de sa ville, Joe (John Robert) Cocker est employé comme ouvrier à la East Midlands Gas Board.

Entre-temps il fait ses premiers pas dans le monde de la musique: il joue de l'harmonica et chante dans le groupe *Vance Arnold And The Avengers*.

En 1964 la maison de disques Decca lui offre un contrat et quelque temps après Cocker enregistre son premier disque, un remaniement de *I'll Cry Instead* des Beatles. Sans succès! Ainsi, il retourne à son travail à la compagnie du Gaz et fait le tour des pubs du comté avec un nouveau groupe, la *Grease Band*. **C'est au Festival de Blues et Jazz de Windsor, en 1968, que Joe Cocker se fait remarquer par sa voix et son extraordinaire présence sur scène.** La même année *With A Little Help From My Friends*, version d'une autre célèbre chanson des quatre garçons de Liverpool, lui ouvre les portes vers la gloire. Quelques mois après, Joe participe au grand concert de Woodstock qui le consacre définitivement grand interprète et lui vaut l'amitié et l'estime de nombreux artistes. Entre autres, le pianiste Leon Russel qui, l'année suivante, compose avec lui un deuxième disque *Delta Lady*, l'aide pour l'enregistrement d'un album à Los Angeles, et crée pour lui un nouveau groupe, les *Mad Dogs And Englishmen*. Des concerts triomphaux de cette épo-

que sont extraits un double album et un film qui offrent à Cocker une immense popularité dans le monde entier. **Mais le succès appelle les problèmes:** la fatigue et la tension auxquelles il est soumis le portent sur la voie de l'alcool et de la drogue. Et c'est le début d'une longue et triste période pour Joe Cocker, qui dure jusqu'en 1976. Cette année-là, avec l'aide d'autres musiciens et du producteur Rob Fraboni, le mythique représentant du «soul blanc» réalise l'un des ses meilleurs disques: *Stingray*.

Récemment, et suite au succès de l'album *Cocker* (1986), l'ex-ouvrier de Sheffield est revenu à la charge avec un excellent disque *Unchain My Heart*. Entre-temps, Joe s'est marié et semble avoir trouvé finalement la sérénité si longtemps désirée. Aujourd'hui, il est courant de voir des adolescents accompagnés de leurs parents à un concert de Joe Cocker, deux générations qui ont le même amour pour une musique et une voix qui, depuis vingt ans, nous parlent du fond du cœur. Longue vie au vieux Joe!

(i)   Where and when was Joe Cocker born?

_____

_____

(ii) Why did he return to his job with the Gas Company?

_____

_____

(iii) In what year did Joe Cocker record 'With A Little Help From My Friends'?

_____

_____

(iv) How did success cause problems for the singer?

_____

_____

(v)   Why is it true to say that Joe Cocker has a very broad appeal?

_____

_____

Written Expression

1 You intend to spend the summer holidays in France with a friend. Write a letter to a hotel in Lyon in order to make reservations. The address of the hotel is:

> Hôtel du Lac
> 20 Rue Lafayette
> 69150 Lyon
> France

Include the following details:

— two adults

— one twin room with shower

— three weeks – give dates

— full board

— ask about activities for young people in the city

— swimming pool

— nightclubs

— daytrips etc.

Ask for a reply as soon as possible.

2 You are a French student on a winter skiing holiday in the Alps. Write a postcard to your parents in Bordeaux, based on the following information:

— you found the bus trip to Grenoble very tiring

— the hotel is full of French boys and girls

— you have met a very nice boy/girl from Paris

— you intend going to the disco tomorrow night

— there is plenty of snow on the slopes for skiing

— you have fallen a few times but are improving every day.

Reading Comprehension

A

1 (i) Match the following sets of signs and pictures. Indicate your answer in all cases by inserting the letters which correspond to the numbers in the boxes below.

No.	Letter
1	
2	
3	
4	
5	
6	
7	
8	
9	
10	

(ii) The following signs can be seen in the windows of furniture stores in France. Which one refers to a free delivery service?

Write (a), (b), (c) or (d) in the box provided.

(a)   Meubles d'occasion

(b)   Crédit personnalisé

(c)   Banquettes-lits

(d)   Livraisons gratuites

2   The following recipe is taken from a French cookery book. Answer the questions which follow.

(i)   What is the main ingredient of the dish?

_____

_____

_____

(ii)   Which one of the following items *is* listed in the recipe?

(a)   Ham

(b)   Chicken

(c)   Pepper

(d)   Beans

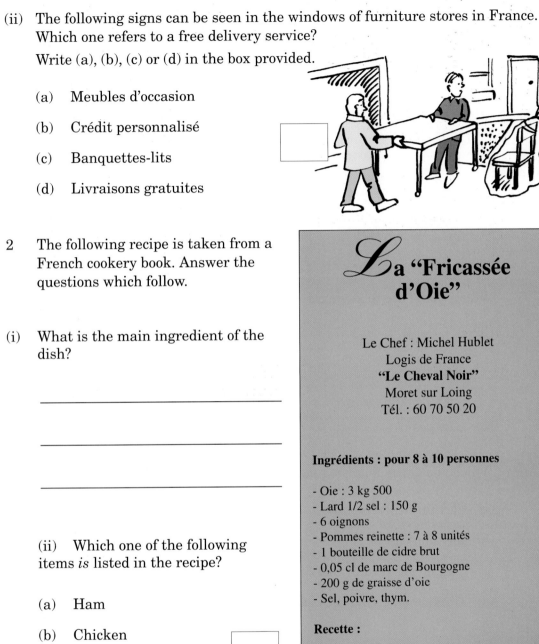

La "Fricassée d'Oie"

Le Chef : Michel Hublet
Logis de France
"Le Cheval Noir"
Moret sur Loing
Tél. : 60 70 50 20

Ingrédients : pour 8 à 10 personnes

- Oie : 3 kg 500
- Lard 1/2 sel : 150 g
- 6 oignons
- Pommes reinette : 7 à 8 unités
- 1 bouteille de cidre brut
- 0,05 cl de marc de Bourgogne
- 200 g de graisse d'oie
- Sel, poivre, thym.

Recette :

Choisissez, chez votre marchand de volaille, une oie un peu grasse ; dégraissez-la, réservez la graisse que vous ferez fondre lentement.
Coupez l'oie en morceaux, assaisonnez, avec sel, poivre, thym, laurier, un peu de sucre.
Mouillez le tout avec la moitié de la bouteille de cidre.
Réservez l'ensemble ainsi assaisonné dans un récipient et tenez au froid une nuit.

3   Read the following recipe which is taken from a French weekly magazine.
    Answer the questions by writing (a), (b), (c) or (d) in the box provided.

POISSON MARINÉ

Pour 4 à 6 personnes :
1 kg de filets
de poissons, 6 petits
oignons blancs avec leur
tige verte, 2 poivrons
verts, 2 tomates, 2 ou

3 œufs durs, 1 botte de
ciboulette, 10 petits
citrons verts ou 4 citrons
jaunes, sel, poivre, 125 g
de crème fraîche.

(i)   Which one of the following items *is* listed in the ingredients?

      (a)   Cherries

      (b)   Lemon

      (c)   Grapefruit

      (d)   Grapes

(ii) Which one of the following statements *is* true?

      (a)   Certain fish cannot be used.

      (b)   Any fish can be used.

      (c)   Fish is not used in this dish.

      (d)   Tinned fish cannot be used.

(iii) Which one of the following items is *not* listed in the ingredients?

      (a)   Eggs

      (b)   Salt

      (c)   Onions

      (d)   Butter

B

Read the following extracts and answer the questions on each one in English.

1

TOM CRUISE

À 4 pattes devant sa femme !

A Hollywood, on affirme que Nicole Kidman, l'épouse de Tom Cruise, mène son mari par le bout du nez ! La rumeur dit qu'elle choisit ses costumes, ses chemises...

On prétend même qu'elle lui interdit de manger de la viande parce qu'elle est végétarienne ! Tom ne serait donc qu'un petit garçon face à Nicole ?

Eh bien, tout récemment, les mauvaises langues s'en sont donné à cœur joie pour déclarer que Tom était vraiment à quatre pattes devant sa femme, et que, d'ailleurs la preuve était faite !

Mais rassurez-vous ! Si Tom s'est mis à « quatre pattes », c'est pour connaître sa plus grande consécration d'acteur. Comme toutes les stars de Hollywood, il a été invité à laisser ses empreintes dans la cour du Mann Chinese Theatre.

Il y a consenti de bon cœur... aux pieds de Nicole qui, bien sûr, assistait à la cérémonie !

(i) Write down any two rumours that are circulating in Hollywood about the filmstar Tom Cruise.

(a) _____

(b) _____

(ii) What was he invited to do at the Mann Chinese Theatre?

_____

_____ ....

2

□ *ENFANTS*

LA PISTE AUX ÉTOILES

Le temps des vacances, pourquoi ne pas s'essayer au trapèze volant ou jouer les funambules ?

Du 7 au 20 août, sur les pelouses du château de Nexon, près de Limoges, l'Ecole nationale du cirque propose à tous les enfants de onze à seize ans, un stage d'initiation aux arts du cirque.

Danse, fil, acrobatie, trapèze et, en option, voltige à cheval et art clownesque. Ce dernier atelier, animé par Annie Fratellini, abordera avec humour l'étude du maquillage et le travail acrobatique.

■ Prix du stage : 1 500 F, ou 2 600 F avec hébergement. Où s'inscrire ? Mairie de Nexon, office du tourisme, château municipal, 87800 Nexon, tél. 55.58.28.44.

Explain the holiday suggestion for children being made in this extract.

_____

_____

_____

_____

_____

3

MIREILLE MATHIEU

SI Mireille Mathieu se met volontiers en maillot de bain dans une piscine, histoire de se relaxer, elle a par contre une sainte horreur de la mer. Et d'ailleurs, elle ne sait pas nager. «La mer m'effraie, dit-elle. Quand je vois cette immense chose mouvante, cette force sans fond, je suis prise de panique !»
Paul-Marie Luce

Describe Mireille Mathieu's problem.

_____

_____

2

Lac d'Annecy

Mort par hydrocution

■ Un amateur de pédalo s'est noyé hier dans le lac d'Annecy à la suite d'une hydrocution, a-t-on appris des gendarmes.

M. Willy Rutland, 37 ans, et M. Laurent Thibaudet, avaient loué un pédalo. Ils décidèrent de se baigner au large de la commune de Sevrier. Victime d'un malaise, M. Rutland a coulé à pic. M. Thibaudet, eut le même malaise, mais des témoins de la scène appelèrent des secours. Ce dernier a pu être sauvé par d'autres baigneurs. M. Rutland a été repêché plus tard par les pompiers qui n'ont pu que constater le décès par hydrocution. — (ap)

(i) What were the men doing when the accident occurred?

_____

_____

(ii) Explain why Monsieur Thibaudet was rescued.

_____

_____

_____

C

Read the following passage and answer the questions in English.

— Margaux Hemingway —

Margaux Hemingway était devenue méconnaissable. Pour lutter contre l'alcoolisme, elle a suivi une cure de désintoxication au Centre Betty Ford. Le premier pas vers la guérison. A notre reporter Colette Porlier, elle reconte sa résurrection.

Vous avez suivi une cure de désintoxication dans le centre Better Ford, en Californie, Quand avez-vous compris que vous aviez gagné?

– Il y a deux ans, j'ai su au fond de moi que les choses devaient changer. En fait, ma guérison a commencé lorsque j'ai dit : "C'est moi, Margaux Hemingway." J'étais trés heureuse d'avoir pris cette décision. J'avais envie de le dire à tout le monde. Et, évidemment, j'ai bu comme un trou pour féter l'événement!

Mon visage était devenu monstrueux, bouffi. Je n'osais plus me regarder dans une glace. Dans la rue, j'évitais de voir ma silhouette dans le vitrines. J'ai pesé jusqu'à 90 kilos!

– Depuis, vous n'avez jamais craqué?

– Quand on me propose de boire, je dis: "Je l'ai déjà fait." Les Hemingway sont des buveurs. Ma mère bubait beaucoup (elle est morte, aujourd'hui), mon père a un bon coup de coude. Mes deux soers n'ont pas de problème, c'est vrai. C'est moi qui ai hérité de mon grand-pére, et ce n'est pas une boutade. Je pouvais boire énormément sans être soûle. Hemingway ne se serait pas suicidé s'il n'avait pas bu autant.

– Le nom d'Hemingway est très difficile à porter?

– En tout cas, j'aio fait tout ce qu'il fallait pour le prouver: en buvant, en faisant la vie.

– Vous avez voulu vous identifier à votre grand-pére?

– Lui, c'eetait un coureur de fond de l'alcoolisme. Et moi, un sprinter. Il écrivait tôt le matin. Il ne travaillait jamais sous l'empire de l'alcool. Le suicide aussi, c'est une affaire de famille. Le père et la grand-pére d'Ernest se sont suicidés. Mon grand-pére maternel également. Mais je suis heureuse d'être en vie.

– Et vous avez retrouvé votre ligne?

– Au Centre, on ne s'occupe que de votre tête et c'est assez dur comme ça. On ne fiat pas d'exerceses physiques. Aujourd'hui, j'ai maigri et je continue. Je fais deux heures de gymnastique et de piscine par jour. Aprés ma cure, je suis allée chez moi, dans l'Idaho. J'ai fait de la bicyclette, de la marche avec mon pére. J'ai retrouvé mon équilibre physique. Je ne mange que des fruits, des légumes et du poisson. Le secret, c'est un verre d'eau chaude avec du citron, le matin à jeun et au moins deux litres d'eau dans la journée. C'est difficile pour mos car je suis une drogué de la bouffe. J'adore manger.

– Et votre métier de mannequin?

– Je refrais des photos. Je trouve que les femmes maigres ne sont pas sexy. Les mannequins ne sont plus des portemanteaux. Les hommes sont attirés par les rondes et les femmes préférent s'identifier à elles. Alors, j'ai toutes mes chances!■

(i)   When, according to Margaux Hemingway, did her recovery from alcoholism begin?

_____

_____

(ii)   Describe her physical appearance while she was addicted to alcohol.

_____

_____

(iii) Write down any two things she says about her grandfather, Ernest Hemingway.

(a) _____

(b) _____

(iv) What does Margaux Hemingway eat?

_____

_____

(iv) Why has she decided to put on weight?

_____

_____

Written Expression

1   You wish to invite your schoolfriend to the cinema but you cannot get in contact with him/her. You decide to write a note in which you explain all the details:

    — time

    — cinema

    — film

    — meal afterwards.

Ask him/her to ring you later in order to confirm the date or arrange it for another time.

2   You are a young French boy/girl on holidays in Ireland at the home of your penpal, whose father is a farmer. Write a letter to your parents in which you describe:

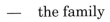

    — the family

    — the farm

    — the daily routine

    — Irish food

    — activities in the evenings and at weekends.

Ask them to send on some extra pocket money as you are almost broke.

Tapescript Questions

Section A

You will hear each of **four** conversations twice. During the first hearing you may take notes. You may answer the questions at the end of either hearing.

1 Where does this conversation take place?

_____

_____

2 Where does this conversation take place?

_____

_____

3 Where does this conversation take place?

_____

_____

4 Where does this conversation take place?

_____

_____

Section B

You will now hear **two** extracts from a cassette made by young French students. Each extract will be played three times. Listen carefully to them and fill in the following identity cards.

1

Name	Marc Dufour
Country	
Age	
Eyes	
Mother's Occupation	
Favourite Subjects	
Future Career	

2

Name	Louise Debernardi
Age	
Number of Brothers	
Hair	
Two Subjects She Dislikes	
Two Favourite Subjects	
Father's Occupation	
Future Career	

Section C

You will now hear **five** news items from French radio. Each item will be played twice. You may write your answer at the end of either playing.

1   a)   What were the young tourists doing when the accident happened?

       b)   What reason is given for the accident?

2   a)   What is the maximum temperature forecast for tomorrow?

       b)   What will the weather be like tomorrow on the Atlantic coast?

3   a)   What was the final score in the France-Ireland rugby match?

       b)   What was the weather like during the match?

4   a)   When did the hold-up take place?

       b)   How much money did the bank robbers steal?

5   a)   Where is Vanessa Paradis going?

       b)   How many fans are expected to attend her concerts?

Section D

You will now hear each of **six** short conversations twice.

Fill in the grid below indicating

      a) where the person wants to go.
      b) the letter which matches the directions given.

The first conversation is done for you as an example.

PLACE	LETTER
EXAMPLE: Football Stadium	F

G   H

F   J

E   K

D   L

C   M

B   N

A   O

Q   P

Vous êtes ici.

Section E

You will now hear **two** separate dialogues. Each one will be played three times. Listen carefully and answer the questions.

1 a) What has been stolen from Louise?

_____

_____

   b) Describe the item (two points).

_____

_____

   c) What does Paul suggest may have happened?

_____

_____

2 a) How did Michael feel while staying with the French family?

_____

_____

   b) Why did he visit Cannes?

_____

_____

   c) What does he say about his second trip to Cannes?

_____

_____

   d) What did he think of the food in France?

_____

_____

Paper 2

Section A

You will now hear extracts from **three** phone calls. You will hear each extract twice. In each case say whether the caller's main purpose is to:

a)   apologise
b)   make a booking
c)   express thanks
d)   give an invitation
e)   seek information.

You may answer the question at the end of either hearing. Give the answer by writing a, b, c, d or e in the appropriate box.

Call (i)   Jean-Claude

Call (ii) Madame Leclerc

Call (iii) Sophie

Section B

You will now hear **two** extracts from a recording in which two young French students are introducing themselves.

You will hear each extract three times.

Listen and fill in the following identity cards.

1

Name	Nicole
Age	
Number of Members in Family	
Hair	
Father's Occupation	
Mother's Occupation	
Two Pastimes	
Future Career	

2

Name	Jacques
Age	
Country	
Subject he Dislikes	
Two Favourite Sports	
Father's Occupation	
Future Career	

Section C

You will now hear **four** news items from French radio.
Each item will be played twice.
You may write your answer at the end of either playing.

1   a)   What type of shop was destroyed?

_____

_____

    b)   What is thought to have caused the fire?

_____

_____

2   a)   What will the weather be like in the north of France?

_____

_____

    b)   What will the weather be like in the Mediterranean region?

_____

_____

3   a)   How many people were on board the plane?

_____

    b)   When did the plane leave Quiberon?

_____

_____

4   a)   How many people watched the arrival of the Tour de France on television?

_____

    b)   What date did the Tour de France end?

_____

Section D

Paul has just received a message on cassette from his friend Robert who lives in the South of France. You will hear the message three times.
First it will be played right through. Then you will hear it replayed in four segments. There will be a pause after each segment to allow you to answer the questions. Finally, you will hear the whole message right through again.

First Segment
Why has Robert decided to send a cassette to Paul? (Two reasons)

a) _____

b) _____

Second Segment
a)   What job had Robert during the month of July?

_____

_____

b)   What did Robert do to avoid being bored?

_____

_____

Third Segment
Where did Robert spend the month of August?

_____

_____

Fourth Segment
Why did Robert visit the city of Dijon?

_____

_____

Section E

You will hear **five** announcements. Each one will be played twice.
During the first hearing you may take notes.
You may answer the questions at the end of either hearing.

1   What time is the train to Bordeaux scheduled to leave?

     _____

2   a)   Children of what age are catered for at the Beautheil Leisure Centre?

     _____

     b)   What is the telephone number of the leisure centre?

     _____

3   a)   What physical problems are eliminated by becoming a member of Action
           Gym? (Two problems)

           i)   _____

           ii)   _____

     b)   What time does the Gym open each day?

     _____

4   a)   What does this shop sell? (Two items)

           i)   _____

           ii)   _____

     b)   At what time does the shop close?

     _____

5   a)   What is the name of the restaurant in English?

     _____

     b)   Where is the restaurant's new terrace located?

     _____

Paper 3

Section A

You will hear each of **six** short conversations twice.

Fill in the grid below indicating

a) where the person wants to go
b) the letter which matches the directions given.

The first conversation is done for you as an example.

EXAMPLE: B.N.P.	E

H   J

G   K

F   L

E   M

D   N

C   O

B   P

A   Q

Vous êtes ici.

Section B

You will now hear **two** extracts from a cassette made by young French students. Each extract will be played three times. Listen carefully to them and fill in the following identity cards.

1

Name	Alain
Country	
Age	
Favourite Subjects	
Favourite Sports/ Hobbies	
Mother's Occupation	
Future Career	

2

Name	Claudine
Birthday	
Position in Family	
Favourite Pastimes	
Subject She Dislikes	
Parents' Occupation	
Plan for the Future	

Section C

You will now hear **five** news items from French radio. Each item will be played twice. You may write your answer at the end of either hearing.

1   a)   What will the weekend weather be like in Brittany?

_____

        b)   What will the afternoon temperature be in the south?

_____

2   a)   What happened in Los Angeles?

_____

        b)   How many people were killed?

_____

3   a)   How much money did Elise win?

_____

        b)   Why has she plenty of time to decide on how to celebrate her win?

_____

4   a)   What was Mark trying to do when he fell?

_____

        b)   How was he injured in the fall?

_____

Section D

You will now hear **four** separate dialogues. Each one will be played twice.
You may answer the questions at the end of either hearing.

1   a)   What does the woman buy in the shop?

_____

    b)   How much does she pay for the item?

_____

2   a)   What is the first thing the man looks for?

_____

    b)   What is special about Wednesdays?

_____

3   a)   Where did the teacher see the student?

_____

    b)   What does the teacher tell the student to do?

_____

4   a)   At what time is the train leaving?

_____

    b)   Will the passenger have to change trains?

_____

Section E

M and Mme Mauriac have just received a message on cassette from their daughter Stephanie who is on an exchange visit to Ireland. You will hear the message three times.

First it will be played right through. Then you will hear it replayed in five segments.

There will be a pause after each segment to allow you to answer the questions.

Finally you will hear the whole message right through again.

1   How long has Stephanie been in Ireland?

_____

_____

2   What has the weather been like since she arrived?

_____

_____

3   Where did Stephanie go on Saturday night?

_____

_____

4   What food does she particularly like?

_____

_____

5   How does Stephanie intend to visit Connemara?

_____

_____

Paper 4

Section A

You will now hear extracts from **three** phone calls.
You will hear each extract twice. You may answer the question at the end of either hearing.

In each case say whether the caller's main purpose is

    (a)   seeking information
    (b)   expressing anger
    (c)   giving an invitation
    (d)   making an apology
    (e)   expressing thanks.

Give the answer by writing a, b, c, d or e in the appropriate box.

Call (i)   François   ☐

Call (ii)   Madame Moncin   ☐

Call (iii) Robert   ☐

Section B

Patrick has just received a message on cassette from Jean-Claude his French penpal. You will hear the message three times.

First it will be played right through. Then you will hear it replayed in five segments. There will be a pause after each segment to allow you to answer the questions. Finally you will hear the whole message right through again.

First Segment
Why does Jean-Claude say he cannot visit Patrick this year?

_____

_____

Second Segment
Why was it hard to get a summer job?

_____

_____

Third Segment
What is happening at the weekend?

_____

_____

Fourth Segment
What does Jean-Claude ask for?

_____

_____

Fifth Segment
What suggestion does Jean-Claude make?

_____

_____

Section C

You will now hear **five** news items from French radio. Each item will be played twice. You may answer the questions at the end of either hearing.

1   (a)   What country is Mr Reynolds going to visit?

_____

    (b)   What is the purpose of his visit?

_____

2   (a)   What nationality was the climber?

_____

    (b)   Explain what happened to him.

_____

3   Why has Alain Prost decided not to take part in the Monaco Grand Prix?

_____

4   (a)   What will the weather be like in France?

_____

    (b)   What is the minimum temperature forecast?

_____

5   (a)   What time did the match begin?

_____

    (b)   What was the final score?

_____

Section D

You will now hear **two** extracts from a cassette made by young French students. Each extract will be played three times. Listen carefully to them and fill in the following identity cards.

1

Name	Christophe
Colour of Hair	
Colour of Eyes	
Eldest Brother's Occupation	
Favourite Subjects	
Favourite Pastimes	

2

Name	Isabelle
Age	
Country	
Father's Occupation	
Colour of Hair	
Types of Clothes She Likes	
Amount Earned per Hour	

Section E

You will hear each of **four** conversations twice. During the first hearing you may take notes. You may answer the questions at the end of either hearing.

1   Where does this conversation take place?

_____

_____

2   Where does this conversation take place?

_____

_____

3   Where does this conversation take place?

_____

_____

4   Where does this conversation take place?

_____

_____

Sample Written Expressions

Informal Letter

Your name is Michel/Marie and you are on an exchange visit to France. You are staying with your penpal near Carnac in Brittany.

Write a letter to your mother in which you describe the visit.

Mention the following details:

- journey	- arrival	- family	- region
- weather	- food	- French classes	- leisure activities

Explain that your penpal will be returning with you at the end of the month.

Carnac, le 5 juillet

Chère Maman,

Me voilà en France chez mon correspondant Paul et crois-moi, je m'amuse vraiment très bien. Je suis arrivé jeudi dernier au Havre après un voyage affreux. La mer était très agitée et beaucoup de passagers avaient le mal de mer. Il y avait un retard de deux heures parce que le ferry ne pouvait pas accoster à cause du vent fort.

Les parents de Paul m'attendaient et ils m'ont reçu à bras ouverts.

La Bretagne ressemble bien à l'Irlande et leur maison se trouve en pleine campagne dans une région très belle. Hier, j'ai passé la journée à visiter les monuments historiques qui s'appellent 'les Menhirs de Carnac'.

Il fait un temps magnifique en ce moment, rien que du soleil du matin au soir. On va à la plage presque chaque jour et je suis déjà bien bronzé.

Ne t'inquiète pas de la nourriture maman! Je l'adore. Madame Dufour fait des repas délicieux qui font venir l'eau à la bouche.

Comme tu peux imaginer, mes jours sont très chargés, pas un moment de repos. Le matin je vais aux cours de français au collège. La langue est assez difficile à comprendre et surtout on parle trop vite. Mais à la fin de mon séjour, j'espère que je pourrai parler un peu français.

Paul a tout un tas de copains et copines et le soir nous allons les rencontrer au café. On passe des disques, on bavarde, l'ambiance est toujours très bonne et chacun est très amical. Samedi soir il y avait une boum chez Monique la petite amie de Paul. C'était vraiment extra!

Eh bien maman, j'ai assez écrit pour le moment. J'espère être de retour le 25 juillet et n'oublie pas que mon correspondant va m'accompagner. Il attend sa visite irlandaise avec beaucoup d'impatience.

Au plaisir de te lire bientôt. Meilleures pensées à tout le monde.

Je t'embrasse fort
Michel

Formal Letter

Your family intends spending a fortnight in the south of France and your parents have asked you to look after the booking details.
Write a letter in French to a Nice hotel in which you make reservations for the proposed visit. The address of the hotel is

> Hôtel du Midi, Promenade des Anglais, 06150 Nice, France

Include the following details:

- two adults

- two children

- one double room with bath

- one twin room with shower

- full board

- dates

- ask about facilities such as beaches, swimming pools, day trips and entertainment

- ask for an early reply.

Maire Kelly
16 Beechlawn Avenue
Bishopstown
Cork
Ireland

Hôtel du Midi
Promenade des Anglais
06150 Nice
France
Cork, le 22 avril

Monsieur,

Nous avons l'intention de passer nos vacances à Nice et on nous a recommandé votre hôtel.

Nous sommes quatre, deux adultes et deux enfants de 14 et 16 ans. Pouviez-vous réserver une chambre à grand lit avec salle de bains pour mes parents et une chambre à deux lits avec douche pour ma soeur et moi. La réservation est pour quatorze nuits en pension complète du 16 au 29 juillet.

Mes parents veulent savoir les ressources touristiques de Nice et ses environs, par exemple, les piscines à proximité, les plages abritées et la possibilité d'excursions. Ma soeur et moi adorons danser et donc nous voulons savoir ce qu'il y a faire le soir dans le quartier, boîtes de nuit, bistros etc. Au cas où vous n'auriez pas de place, pouviez-vous de recommander un autre hôtel à deux étoiles.

Dans l'attente d'une réponse rapide.

Veuillez agréer monsieur l'expression de mes sentiments distingués

Maire Kelly

Postcard

You are a young French student on holidays for a month in Ireland.
Write a postcard to your favourite teacher telling him/her about your visit.
Include the following details:

- the plane journey was very nice
- it was raining when you arrived
- the countryside is very beautiful
- the people are very friendly
- the shops and restaurants are very expensive
- you have met some Irish friends
- you attended a céilí last night
- next weekend you intend to visit Connemara.

The teacher's address is

M. Jean Dubois
Lycée Pasteur
Avenue de la Libération
69200 Lyon
France

Bonjour Monsieur,

Bonjour d'Irlande, vous avez raison, le paysage est vraiment très beau, un vrai pays de rêve. Je suis arrivé sain et sauf à Dublin la semaine dernière après un vol très agréable à bord d'un avion Aer Lingus.

Il pleuvait à verse dans la capitale irlandaise mais le lendemain le beau temps est arrivé.
L'ambiance est très bonne ici et tout le monde est très amical.
Mais les prix! On vous écorche dans les boutiques et les restaurants.
J'ai rencontré des amis sympas irlandais et nous sommes allés en discothèque hier soir. C'était chouette croyez-moi!

On a l'intention d'aller à une soirée de danse irlandaise le weekend. On l'appelle un 'céilí' en gaélique.

La semaine prochaine, j'espère faire une excursion dans le Connemara. On dit que c'est la vraie Irlande pleine de brumes, de lacs et de montagnes.

C'est tout pour le moment.

Bien cordialement
Marc

Message/Note

Your French penpal is staying with you. While he/she is out, you receive a phone call from France which contains the following message:
- his/her parents have decided to visit Ireland
- they will be arriving next week
- they hope that he/she will be able to tour the country with them
- he/she is asked to ring home in order to confirm the details.

As you are going to the swimming pool you decide to leave a note in French for your penpal.

16 heures sonnantes

Chère Louise,

Crois-moi, j'ai une grande surprise pour toi!

Il y a 15 minutes, j'ai reçu un coup de téléphone de tes parents en France.

C'est décidé! Ils vont passer leurs grandes vacances en Irlande.

Ils comptent arriver à Rosslare la semaine prochaine, c'est-à-dire, jeudi soir à 19 heures. Leur intention est de faire le tour du pays en voiture.

Ta mère m'a dit qu'elle espère que tu pourras les accompagner.

Veinarde, tu as de la chance!

N'oublie pas de leur téléphoner pour confirmer les détails.

Je dois rencontrer une copine à la piscine municipale mais je serai de retour à 22 heures au plus tard.

Fiona

Les Verbes

Etre = to be

Present
je suis
tu es
il/elle/on est
nous sommes
vous êtes
ils/elles sont

Imperfect
j'étais
tu étais
il/elle/on était
nous étions
vous étiez
ils/elles étaient

Future
je serai
tu seras
il/elle/on sera
nous serons
vous serez
ils/elles seront

Conditional
je serais
tu serais
il/elle/on serait
nous serions
vous seriez
ils/elles seraient

Passé Composé
j'ai été
tu as été
il/elle/on a été
nous avons été
vous avez été
ils/elles ont été

Imperative
sois
soyons
soyez

Present Participle
étant

Past Participle
été

Avoir = to have

Present
j'ai
tu as
il/elle/on a
nous avons
vous avez
ils/elles ont

Imperfect
j'avais
tu avais
il/elle/on avait
nous avions
vous aviez
ils/elles avaient

Future
j'aurai
tu auras
il/elle/on aura
nous aurons
vous aurez
ils/elles auront

Conditional
j'aurais
tu aurais
il/elle/on aurait
nous aurions
vous auriez
ils/elles auraient

Passé Composé
j'ai eu
tu as eu
il/elle/on a eu
nous avons eu
vous avez eu
ils/elles ont eu

Imperative
aie
ayons
ayez

Present Participle
ayant

Past Participle
eu

Donner = to give

Present
je donne
tu donnes
il/elle/on donne
nous donnons
vous donnez
ils/elles donnent

Imperfect
je donnais
tu donnais
il/elle/on donnait
nous donnions
vous donniez
ils/elles donnaient

Future
je donnerai
tu donneras
il/elle/on donnera
nous donnerons
vous donnerez
ils/elles donneront

Conditional
je donnerais
tu donnerais
il/elle/on donnerait
nous donnerions
vous donneriez
ils/elles donneraient

Passé Composé
j'ai donné
tu as donné
il/elle/on donné
nous avons donné
vous avez donné
ils/elles ont donné

Imperative
donne
donnons
donnez

Present Participle
donnant

Past Participle
donné

Finir = to finish

Present
je finis
tu finis
il/elle/on finit
nous finissons
vous finissez
ils/elles finissent

Imperfect
je finissais
tu finissais
il/elle/on finissait
nous finissions
vous finissiez
ils/elles finissaient

Future
je finirai
tu finiras
il/elle/on finira
nous finirons
vous finirez
ils/elles finiront

Conditional
je finirais
tu finirais
il/elle/on finirait
nous finirions
vous finiriez
ils/elles finiraient

Passé Composé
j'ai fini
tu as fini
il/elle/on a fini
nous avons fini
vous avez fini
ils/elles ont fini

Imperative
finis
finissons
finissez

Present Participle
finissant

Past Participle
fini

Vendre = to sell

Present
je vends
tu vends
il/elle/on vend
nous vendons
vous vendez
ils/elles vendent

Imperfect
je vendais
tu vendais
il/elle/on vendait
nous vendions
vous vendiez
ils/elles vendaient

Future
je vendrai
tu vendras
il/elle/on vendra
nous vendrons
vous vendrez
ils/elles vendront

Conditional
je vendrais
tu vendrais
il/elle/on vendrait
nous vendrions
vous vendriez
ils/elles vendraient

Passé Composé
j'ai vendu
tu as vendu
il/elle/on a vendu
nous avons vendu
vous avez vendu
ils/elles ont vendu

Imperative
vends
vendons
vendez

Present Participle
vendant

Past Participle
vendu

Se laver = to wash oneself

Present
je me lave
tu te laves
il/elle/on se lave
nous nous lavons
vous vous lavez
ils/elles se lavent

Imperfect
je me lavais
tu te lavais
il/elle se lavait
nous nous lavions
vous vous laviez
ils/elles se lavaient

Future
je me laverai
tu te laveras
il/elle se lavera
nous nous laverons
vous vous laverez
ils/elles se laveront

Conditional
je me laverais
tu te laverais
il/elle se laverait
nous nous laverions
vous vous laveriez
ils/elles se laveraient

Passé Composé
je me suis lavé(e)
tu t'es lavé(e)
il/on s'est lavé
elle s'est lavée
nous nous sommes lavé(e)s
vous vous êtes lavé(e)s
ils se sont lavés
elles se sont lavées

Imperative
lave-toi
lavons-nous
lavez-vous

Present Participle
se lavant

Past Participle
lavé

Aller = to go

Present
je vais
tu vas
il/elle/on va
nous allons
vous allez
ils/elles vont

Imperfect
j'allais
tu allais
il/elle/on allait
nous allions
vous alliez
ils/elles allaient

Future
j'irai
tu iras
il/elle/on ira
nous irons
vous irez
ils/elles iront

Conditional
j'irais
tu irais
il/elle/on irait
nous irions
vous iriez
ils/elles iraient

Passé Composé
je suis allé(e)
tu es allé(e)
il/on est allé
elle est allée
nous sommes allé(e)s
vous êtes allé(e)s
ils sont allés
elles sont allées

Imperative
va
allons
allez

Present Participle
allant

Past Participle
allé

Boire = to drink

Present
je bois
tu bois
il/elle/on boit
nous buvons
vous buvez
ils/elles boivent

Imperfect
je buvais
tu buvais
il/elle/on buvait
nous buvions
vous buviez
ils/elles buvaient

Future
je boirai
tu boiras
il/elle/on boira
nous boirons
vous boirez
ils/elles boiront

Conditional
je boirais
tu boirais
il/elle/on boirait
nous boirions
vous boiriez
ils/elles boiraient

Passé Composé
j'ai bu
tu as bu
il/elle/on a bu
nous avons bu
vous avez bu
ils ont bu

Imperative
bois
buvons
buvez

Present Participle
buvant

Past Participle
bu

Connaître = to know

Present
je connais
tu connais
il/elle/on connaît
nous connaissons
vous connaissez
ils/elles connaissent

Conditional
je connaîtrais
tu connaîtrais
il/elle/on connaîtrait
nous connaîtrions
vous connaîtriez
ils/elles connaîtraient

Imperfect
je connaissais
tu connaissais
il/elle/on connaissait
nous connaissions
vous connaissiez
ils/elles connaissaient

Passé Composé
j'ai connu
tu as connu
il/elle/on a connu
nous avons connu
vous avez connu
ils/elles ont connu

Future
je connaîtrai
tu connaîtras
il/elle/on connaîtra
nous connaîtrons
vous connaîtrez
ils/elles connaîtront

Imperative
connais
connaissons
connaissez

Present Participle
connaissant

Past Participle
connu

Devoir = to have to

Present
je dois
tu dois
il/elle/on doit
nous devons
vous devez
ils/elles doivent

Conditional
je devrais
tu devrais
il/elle/on devrait
nous devrions
vous devriez
ils/elles devraient

Imperfect
je devais
tu devais
il/elle/on devait
nous devions
vous deviez
ils/elles devaient

Passé Composé
j'ai dû
tu as dû
il/elle/on a dû
nous avons dû
vous avez dû
ils/elles ont dû

Future
je devrai
tu devras
il/elle/on devra
nous devrons
vous devrez
ils/elles devront

Imperative
dois
devons
devez

Present Participle
devant

Past Participle
dû

Dire = to say/to tell

Present
je dis
tu dis
il/elle/on dit
nous disons
vous dîtes
ils/elles disent

Conditional
je dirais
tu dirais
il/elle/on dirait
nous dirions
vous diriez
ils/elles diraient

Imperfect
je disais
tu disais
il/elle/on disait
nous disions
vous disiez
ils/elles disaient

Passé Composé
j'ai dit
tu as dit
il/elle/on a dit
nous avons dit
vous avez dit
ils/elles ont dit

Future
je dirai
tu diras
il/elle/on dira
nous dirons
vous direz
ils/elles diront

Imperative
dis
disons
dites

Present Participle
disant

Past Participle
dit

Faire = to do/to make

Present
je fais
tu fais
il/elle/on fait
nous faisons
vous faites
ils/elles font

Imperfect
je faisais
tu faisais
il/elle/on faisait
nous faisions
vous faisiez
ils/elles faisaient

Future
je ferai
tu feras
il/elle/on fera
nous ferons
vous ferez
ils/elles feront

Conditional
je ferais
tu ferais
il/elle/on ferait
nous ferions
vous feriez
ils/elles feraient

Passé Composé
j'ai fait
tu as fait
il/elle/on a fait
nous avons fait
vous avez fait
ils/elles ont fait

Imperative
fais
faisons
faites

Present Participle
faisant

Past Participle
fait

Mettre = to put

Present
je mets
tu mets
il/elle/on met
nous mettons
vous mettez
ils/elles mettent

Imperfect
je mettais
tu mettais
il/elle/on mettait
nous mettions
vous mettiez
ils/elles mettaient

Future
je mettrai
tu mettras
il/elle/on mettra
nous mettrons
vous mettrez
ils/elles mettront

Conditional
je metttrais
tu mettrais
il/elle/on mettrait
nous mettrions
vous mettriez
ils/elles mettraient

Passé Composé
j'ai mis
tu as mis
il/elle/on a mis
nous avons mis
vous avez mis
ils/elles ont mis

Imperative
mets
mettons
mettez

Present Participle
mettant

Past Participle
mis

Partir = to leave

Present
je pars
tu pars
il/elle/on part
nous partons
vous partez
ils/elles partent

Imperfect
je partais
tu partais
il/elle/on partait
nous partions
vous partiez
ils/elles partaient

Future
je partirai
tu partiras
il/elle/on partira
nous partirons
vous partirez
ils/elles partiront

Conditional
je partirais
tu partirais
il/elle/on partirait
nous partirions
vous partiriez
ils/elles partiraient

Passé Composé
je suis parti(e)
tu es parti(e)
il/on est parti
elle est partie
nous sommes parti(e)s
vous êtes parti(e)s
ils sont partis
elles sont parties

Imperative
pars
partons
partez

Present Participle
partant

Past Participle
parti

Pouvoir = to be able to

Present
je peux
tu peux
il/elle/on peut
nous pouvons
vous pouvez
ils/elles peuvent

Imperfect
je pouvais
tu pouvais
il/elle/on pouvait
nous pouvions
vous pouviez
ils/elles pouvaient

Future
je pourrai
tu pourras
il/elle/on pourra
nous pourrons
vous pourrez
ils/elles pourront

Conditional
je pourrais
tu pourrais
il/elle/on pourrait
nous pourrions
vous pourriez
ils/elles pourraient

Passé Composé
j'ai pu
tu as pu
il/elle/on a pu
nous avons pu
vous avez pu
ils/elles ont pu

Imperative

———

Present Participle
pouvant

Past Participle
pu

Prendre = to take

Present
je prends
tu prends
il/elle/on prend
nous prenons
vous prenez
ils/elles prennent

Imperfect
je prenais
tu prenais
il/elle/on prenait
nous prenions
vous preniez
ils/elles prenaient

Future
je prendrai
tu pendras
il/elle/on pendra
nous pendrons
vous pendrez
ils/elles prendront

Conditional
je prendrais
tu prendrais
il/elle/on prendrait
nous prendrions
vous prendriez
ils/elles prendraient

Passé Composé
j'ai pris
tu as pris
il/elle/on a pris
nous avons pris
vous avez pris
ils/elles ont pris

Imperative
prends
prenons
prenez

Present Participle
prenant

Past Participle
pris

Savoir = to know

Present
je sais
tu sais
il/elle/on sait
nous savons
vous savez
ils/elles savent

Imperfect
je savais
tu savais
il/elle/on savait
nous savions
vous saviez
ils/elles savaient

Future
je saurai
tu sauras
il/elle/on saura
nous saurons
vous saurez
ils/elles sauront

Conditional
je saurais
tu saurais
il/elle/on saurait
nous saurions
vous sauriez
ils/elles sauraient

Passé Composé
j'ai su
tu as su
il/elle/on a su
nous avons su
vous avez su
ils/elles ont su

Imperative
sache
sachons
sachez

Present Participle
sachant

Past Participle
su

Venir = to come

Present
je viens
tu viens
il/elle/on vient
nous venons
vous venez
ils/elles viennent

Imperfect
je venais
tu venais
il/elle/on venait
nous venions
vous veniez
ils/elles venaient

Future
je viendrai
tu viendras
il/elle/on viendra
nous viendrons
vous viendrez
ils/elles viendront

Conditional
je viendrais
tu viendrais
il/elle/on viendrait
nous viendrions
vous viendriez
ils/elles viendraient

Passé Composé
je suis venu(e)
tu es venu(e)
il/on est venu
elle est venue
nous sommes venu(e)s
vous êtes venu(e)s
ils sont venus
elles sont venues

Imperative
viens
venons
venez

Present Participle
venant

Past Participle
venu

Voir = to see

Present
je vois
tu vois
il/elle/on voit
nous voyons
vous voyez
ils/elles voient

Imperfect
je voyais
tu voyais
il/elle/on voyait
nous voyions
vous voyiez
ils/elles voyaient

Future
je verrai
tu verras
il/elle/on verra
nous verrons
vous verrez
ils/elles verront

Conditional
je verrais
tu verrais
il/elle/on verrait
nous verrions
vous verriez
ils/elles verraient

Passé Composé
j'ai vu
tu as vu
il/elle/on a vu
nous avons vu
vous avez vu
ils/elles ont vu

Imperative
vois
voyons
voyez

Present Participle
voyant

Past Participle
vu

Vouloir = to want

Present
je veux
tu veux
il/elle/on veut
nous voulons
vous voulez
ils/elles veulent

Imperfect
je voulais
tu voulais
il/elle/on voulait
nous voulions
vous vouliez
ils/elles voulaient

Future
je voudrai
tu voudras
il/elle/on voudra
nous voudrons
vous voudrez
ils/elles voudront

Conditional
je voudrais
tu voudrais
il/elle/on voudrait
nous voudrions
vous voudriez
ils/elles voudraient

Passé Composé
j'ai voulu
tu as voulu
il/elle/on a voulu
nous avons voulu
vous avez voulu
ils/elles ont voulu

Imperative
veuille   veux
veuillons **or** voulons
veuillez   voulez

Present Participle
voulant

Past Participle
voulu